Secretos de Expertos – TCC e Inteligencia Emocional

¡La Guía Definitiva Para Terapia Cognitivo-Conductual y EQ Para Mejorar el Manejo de la ira, la Ansiedad, la Depresión, el Insomnio, el Pensamiento Negativo, el Pánico y el Estrés!

Terry Lindberg

Tabla de Contenido:

¿Quién es Terry Lindberg?

Hola, y gracias por comprar una copia de la " Secretos de Expertos – Serie de Autoayuda ".

Para todos los que no me conocen, mí nombre es Terry Lindberg, un Psicólogo galardonado y Autor de Secretos de Expertos – Serie de Autoayuda. He dedicado más de 30 años de toda mí vida a innovar en el campo de la psicología y la autoayuda para mejorar mí vida y la de otras 1.000 personas en todo el mundo, desde los mejores CEO en su área hasta los mejores atletas, e incluso personas comunes.

Lo único que puedo decir sobre todas las personas con las que he trabajado es que ven cambios dramáticos en sus vidas siguiendo mis enseñanzas. Mis enseñanzas les ayudan a superar las barreras que nunca pensaron que podrían superar. En la mayoría de los casos, ocurre el mismo resultado; son testigos de un interruptor que se dispara en su mente, mostrándoles que el cerebro humano es mucho más poderoso de lo que podrían imaginarse.

A lo largo de los más de 30 años de mi vida estudiando en el campo de la psicología y la autoayuda, he adquirido sabiduría y experiencias únicas de las personas con las que he trabajado y entrevistado. La gran cantidad de conocimiento que he adquirido es todo lo que les pasaré en este libro.

Esta guía no es como cualquier otro libro de autoayuda, ya que para ser honesto, el 99% de los libros de autoayuda en el mercado ni siquiera están hechos por alguien dentro del campo. Se asociaron con un escritor fantasma para producir el contenido del libro, luego lo empaquetaron y comercializaron como si hubiera sido creado por alguien que tiene experiencia en ese tema.

La información que compartiré con usted tiene una prueba de concepto y en realidad lo ayudará en cualquier momento en el que se encuentre en su viaje.

¿Alguna vez has oído hablar de la teoría "La Pepita de Oro" al leer un libro? Esta teoría significa que un libro completo podría ser irrelevante para el tema, pero aún así podría haber una "pepita de oro" de información que podría cambiar la vida.

Debido a esta teoría, quiero que estés preparado y asegúrate de de que durante todo este libro tenga toda tu atención. Por cierto, si no se dio cuenta de que la oración anterior decía "de" dé vuelta atrás, no está prestando suficiente atención.

Deja todo lo que estás haciendo, enfócate y prepárate para tomar notas. Puede estar a sólo una frase de cambiar su vida para siempre.

Si aprende o le gusta algo sobre el contenido cuando haya terminado, lo ha consumido. Siempre se agradece una crítica honesta por ayudarme a hacer un mejor contenido en el futuro.

Ahora comencemos ...

Secretos de Expertos – Inteligencia Emocional

La Guía Definitiva para el EQ para Mejorar el Manejo de la Ira, TCC, Empatía, Manipulación, Persuasión, Autoconciencia, Autodisciplina, Autorregulación, y Habilidades Sociales.

Terry Lindberg

Introducción

¿Alguna vez te has sentido irracionalmente enojado por algo que alguien dijo o hizo? ¿Experimenta arrebatos emocionales y simplemente no puede determinar de dónde provienen? ¿Te encuentras frecuentemente manipulado por la gente? Afortunadamente, no eres el único. Comprender y lidiar con las emociones es una batalla que innumerables personas enfrentan a diario. Los problemas con el manejo de la ira, la manipulación, la empatía y las habilidades sociales son sólo algunos de los desafíos que enfrentan las personas en su vida cotidiana. Todos estos problemas están estrechamente relacionados con la inteligencia emocional de una persona. Este libro le proporcionará una comprensión de estos desafíos y dónde se originan, así como una serie de estrategias que se pueden aplicar para abordarlos. Al leer este libro, verá cómo estos problemas pueden abordarse a través de una comprensión profunda de la inteligencia emocional, su influencia en los diversos sectores de la vida humana y cómo mejorar la inteligencia emocional puede facilitar el proceso de lidiar con estos problemas y otros que podrían surgir.

Este libro lo equipará para enfrentar los problemas inevitables que surgen en su vida profesional, personal y social. Al estudiar las complejidades de la inteligencia emocional, obtendrá una comprensión más clara del tremendo papel que desempeña en todos los aspectos de su vida diaria. En este libro, le proporcionaré una serie de estrategias que lo ayudarán a mejorar su inteligencia emocional y, posteriormente, lo ayudarán a abordar los problemas con el manejo de la ira, la manipulación, la empatía, las habilidades sociales y más. Al mejorar su autoconciencia, autorregulación, motivación, empatía y habilidades sociales, mejorará indefinidamente su inteligencia emocional.

Me llamo Terry Lindberg. Soy un galardonado autor de autoayuda y psicólogo. He dedicado más de 30 años de mi vida al avance e innovación del campo de la psicología y la autoayuda en un esfuerzo por mejorar mi vida y miles de otras vidas en todo el mundo, desde los mejores CEO hasta los mejores atletas, e incluso personas comunes. Quiero mostrarle que, con la ayuda de la persona adecuada, puede mejorar significativamente su inteligencia emocional. Al hacerlo, estará equipado para convertirse en un mejor líder, socio y amigo.

Al comprender el funcionamiento interno de la inteligencia emocional, podrá mejorar su inteligencia emocional, funcionar de manera más efectiva en el lugar de trabajo, mejorar la calidad de sus relaciones y obtener una mejor comprensión de usted mismo. Al obtener una mejor comprensión de sus emociones y la capacidad de identificarlas a medida que surgen, podrá tratar de manera más constructiva con las personas que lo rodean. También experimentará una mejora significativa en las habilidades de resolución de conflictos. Comprender la inteligencia emocional no sólo ayuda a comprender y manejar sus propias emociones de manera más efectiva, sino que también podrá identificar y comprender mejor las emociones de otras personas. La inteligencia emocional impactará directamente su vida social, personal y profesional. Elevar su nivel de inteligencia emocional lo equipará para ser un mejor amigo, compañero de trabajo y una mejor persona en general. Hay innumerables beneficios para comprender y mejorar su inteligencia emocional, y estos beneficios se explorarán a fondo a lo largo de este libro.

Las personas gastan cantidades increíblemente grandes de dinero tratando de aprender a manejar sus emociones a través de sesiones de terapia, meditación, clases de manejo de la ira y yoga. Esta guía le enseñará todo lo que necesita saber sobre la comprensión y el manejo efectivo de sus emociones. Le proporcionaré toda la información necesaria sobre el papel de la inteligencia emocional en su vida. Aprenderá a comprenderse mejor a sí mismo y a los demás y, en consecuencia, comprenderá mejor la resolución de conflictos y las relaciones, tanto personales como profesionales. Simplemente entendiendo de dónde viene su ira y siendo más consciente de sus emociones, he ayudado a varias personas a superar sus problemas de manejo de la ira. Al aplicar las estrategias mencionadas en este libro, muchas personas han aprendido a manejar sus emociones de manera más efectiva y pueden abstenerse de arremeter contra otros.

A través de esta guía, lo equiparé para convertirse en una historia de éxito completa. Podrá abordar los problemas de manejo de la ira, manipulación, empatía y habilidades sociales de manera más efectiva y eficiente. Podrás construir relaciones personales y profesionales más significativas y tener una mejor comprensión de ti mismo y de los demás. Podrá abordar los conflictos de manera sana y madura, tanto interna como externamente. Esta guía le proporcionará todo lo que necesita saber sobre las emociones y le informará sobre cómo identificar las emociones de manera más efectiva y tratarlas de manera saludable.

"Cuando se trata de personas, recuerde que no se trata de criaturas lógicas, sino de criaturas emocionales" (Carnegie, n.d.). Estas palabras de Dale Carnegie no podrían ser más ciertas. Incontables argumentos y conflictos surgen porque las personas actúan y reaccionan por emoción, en lugar de por lógica. El orgullo es una de las principales causas de conflicto en la sociedad contemporánea, y muy pocas personas saben cómo manejar sus emociones de manera efectiva. Una vez que una persona comprende tanto sus propias emociones como las emociones de los demás, está mejor equipada para identificarlas. En lugar de suprimir estas emociones, son capaces de manejar sus emociones de manera constructiva y pueden manejar los diversos aspectos de su vida de manera más efectiva. Las personas con un alto nivel de inteligencia emocional no están sujetas a sus emociones y entienden que sus emociones no necesitan ser la fuerza impulsora detrás de sus acciones. Las personas emocionalmente inteligentes actúan desde una posición lógica, en lugar de reaccionar desde una disposición emocional. Ya no hay razón para luchar con emociones incontrolables, conflictos innecesarios o percances de mala comunicación. Este libro lo ayudará a superar y evitar tales situaciones de manera eficiente y exitosa.

Los capítulos de este libro están formulados para guiarlo por el proceso de comprender y dominar sus emociones. Cada capítulo de este libro explora un aspecto diferente de la inteligencia emocional, y eventualmente lo llevará a una serie de estrategias que lo ayudarán a mejorar su inteligencia emocional, ayudándole así a comprender mejor sus emociones y las emociones de los demás. Al completar este libro, debería poder manejar sus emociones de manera más efectiva, crear relaciones significativas y comportarse de manera profesional y segura. Mejorar su inteligencia emocional invariablemente aumentará sus posibilidades de llevar una vida exitosa.

Capítulo 1: Comprender las Emociones

Comprender sus emociones y cómo funcionan las emociones es el primer paso para entender y dominar la inteligencia emocional. Al entender sus emociones, podrá comprenderse mejor e identificar las emociones más fácilmente a medida que surjan. Ser consciente de tus emociones te ayudará a lidiar con ellas de manera más efectiva, en lugar de ignorar y reprimir tus sentimientos.

En este capítulo veremos qué son las emociones, de dónde provienen y por qué las necesitamos. Comprender estas tres preguntas sentarán las bases para comprender la inteligencia emocional.

¿Qué Son las Emociones?

Las emociones son esencialmente una respuesta a su entorno y circunstancias. Esta respuesta ocurre tanto psicológica como fisiológicamente. Por lo tanto, las emociones pueden reconocerse tanto física como mentalmente. Hay tres etapas generales en las que tiene lugar una emoción.

1. Respuesta fisiológica

Las emociones a menudo provocan una respuesta física o un cambio en el estado físico que ocurre simultáneamente con la emoción que se experimenta. Por ejemplo, puede comenzar a sudar cuando siente miedo o siente una sacudida en el estómago cuando se siente ansioso. Estos cambios fisiológicos ocurren inconscientemente y pueden ser útiles para identificar sus emociones. Diferentes personas pueden experimentar diferentes reacciones fisiológicas a la misma emoción. Por lo tanto, es importante conocer su propia respuesta personal.

2. Experiencia subjetiva

Esta etapa involucra la experiencia de la emoción misma. Cada persona experimenta una emoción de manera diferente, y cada persona puede describir la emoción de manera única. Por lo tanto, las emociones son experiencias altamente subjetivas.

3. Respuesta conductal

Durante la respuesta conductual, la emoción se expresa y puede ser reconocida por otros. Puede sonreír cuando experimenta felicidad, por ejemplo, o fruncir el ceño como resultado de la confusión. Estas respuestas pueden estar formadas por normas sociales o experiencias individuales. Si los padres de una persona fruncen el ceño cuando están preocupados, por ejemplo, asociarán un ceño fruncido con preocupación, mientras que otra persona podría asociarlo con enojo o disgusto en función de su propia historia.

Las emociones de las personas a menudo están determinadas e influenciadas por qué o por quién están rodeadas. Las emociones son parte de la conciencia humana y comunican información esencial sobre las necesidades y deseos básicos que una persona puede experimentar o requerir. Experimentar ciertas emociones puede motivarnos a continuar con nuestras acciones, en el caso de experiencias placenteras, o a cambiar nuestras acciones cuando experimentamos reacciones o emociones negativas. Cuando una persona baila con alguien que ama, por ejemplo, la experiencia sería placentera y, por lo tanto, experimentaría emociones positivas. Estas emociones positivas (felicidad, amor o afecto) transmiten el mensaje de que la persona debe continuar la acción. Al hablar con alguien que te hace sentir incómodo, por otro lado, puedes experimentar miedo o disgusto. Estas emociones comunican la necesidad de alejarse de la persona o ir a otro lugar. Las emociones preparan a las personas para la acción, por lo tanto, la analogía de "luchar o huir".

Las emociones pueden ser positivas o negativas, y se deben reconocer las emociones positivas y negativas. Cuando las emociones negativas son ignoradas o reprimidas con frecuencia, tienen un efecto negativo en la persona que las suprime. Las personas que reprimen sus emociones en lugar de lidiar con ellas, tienden a estallar en forma de volcán en una etapa posterior. Sus emociones a menudo se vuelven intensas y abrumadoras, y pierden su capacidad de regular sus emociones con eficacia.

Sin embargo, las personas tienen diferentes temperamentos emocionales. Algunos pueden manejar la negatividad mejor que otros, y algunos son más propensos a experimentar y reaccionar ante emociones fuertes. El temperamento emocional de una persona afectará la intensidad y la regularidad de ciertas emociones, y a menudo también afecta el nivel de reacción de una persona a estas emociones. Sin embargo, esto se puede remediar mejorando el nivel de inteligencia emocional.

La mayoría de la gente está de acuerdo en que hay seis emociones básicas. Estos son la ira, miedo, asco, sorpresa, felicidad y tristeza. Todas las demás emociones provienen de estas emociones básicas. Es posible que estas emociones no ocurran en su forma pura. Por ejemplo, uno podría sentir una mezcla de sorpresa y miedo o ira y asco. Además, la intensidad y la experiencia de las emociones difieren según la situación y la persona que experimenta la emoción. En lugar de experimentar ira, por ejemplo, una persona puede experimentar ira ciega. Las emociones pueden ser simples o complejas, y algunas emociones pueden ser más difíciles de descifrar que otras. Las emociones también están influenciadas por el pensamiento y la percepción, y moldeadas por la experiencia.

Muchas personas consideran que los conceptos de emociones y estados de ánimo son sinónimos. Aunque estos conceptos son muy similares, no son lo mismo. Los estados de ánimo tienden a durar mucho más que las emociones y, a menudo, el pensamiento los intensifica e intensifica. Las emociones, por otro lado, son sentimientos y momentáneos. No podemos controlar nuestras emociones. Sin embargo, tenemos una mano en el control de nuestros estados de ánimo.

¿De Dónde Vienen las Emociones?

Las emociones son comunes entre todas las especies vivas. Sin embargo, lo que diferencia a los seres humanos de otras especies es que somos capaces de reconocer nuestras emociones y emitir juicios sobre la viabilidad de estas emociones. Puede experimentar ansiedad antes de una prueba importante, por ejemplo. Su mente sabe que la prueba es importante y sus pensamientos están reuniendo todas las cosas que podrían suceder, si falla la prueba. Sin embargo, puede reconocer estos sentimientos de ansiedad y declararlos inválidos. Usted sabe que ha estudiado para el examen y sus posibilidades de reprobarlo son escasas o nulas. Podemos pensar y resolver nuestras emociones antes de actuar, a diferencia de otras especies vivas que sienten y reaccionan impulsivamente.

Nuestras emociones se basan en nuestras experiencias. Nuestras experiencias nos ayudan a formar asociaciones, que forman parte de nuestra nueva experiencia de emociones. Las asociaciones de una persona con la anticipación pueden ser emocionantes, por ejemplo, porque a menudo se complacen con las sorpresas. Usted, por otro lado, puede no experimentar anticipación tan positivamente. Suponga que cuando tenía nueve años, anticipaba su cumpleaños porque sabía que los cumpleaños eran emocionantes y agradables. En la fiesta sorpresa, sin embargo, tuvo un susto, se cayó por un tramo de escaleras y se rompió un brazo y una pierna. Desde este incidente, asocias la anticipación con la ansiedad y el miedo, y posiblemente incluso con el dolor. No le gusta la imprevisibilidad debido a su marco de referencia para las sorpresas.

Las emociones también pueden ser contagiosas. En el caso de un funeral, por ejemplo, una persona puede sentirse triste por el dolor que muestran los que lo rodean, en lugar de su propio dolor. El contagio de la risa es otro ejemplo. Es importante que seamos conscientes de dónde provienen nuestras emociones para poder descifrar el mensaje que nos están comunicando de manera más efectiva.

¿Por Qué Necesitamos Emociones?

Las emociones son una parte central de la conciencia humana. Son lo que nos motiva a tomar medidas. Nuestras acciones están alimentadas por el deseo que, a su vez, está alimentado por nuestras emociones. Las emociones nos comunican información importante sobre nuestros deseos y necesidades. Entonces podemos tomar estas emociones y evaluar qué es lo que queremos o necesitamos. Por lo tanto, las emociones son centrales en nuestro proceso de toma de decisiones. Nuestras decisiones son guiadas por nuestras emociones, basadas en nuestras necesidades y deseos. Experimentar la soledad, por ejemplo, señala la necesidad de una conexión humana. Cuando se analiza esta emoción, pueden determinar que necesitan un compañero.

En un nivel básico, las emociones son un instinto de supervivencia, destinado a protegernos de nosotros mismos o de ciertas situaciones. Cuando experimentamos una amenaza, podemos reaccionar para preservar nuestra seguridad. Cuando experimentamos miedo, por ejemplo, sabemos que puede haber algo cerca que pueda poner en peligro nuestra sensación de seguridad. Como resultado de ese miedo, podemos huir de la situación antes de que la amenaza se vuelva inminente.

Las emociones provocan ciertas respuestas físicas y psicológicas que nos informan de lo que estamos sintiendo. Cuando nos sentimos nerviosos, por ejemplo, nuestras palmas pueden sudar. Estas respuestas fisiológicas nos ayudan a identificar nuestras emociones para que podamos evaluar nuestra situación. Hay ciertas respuestas psicológicas que también acomodan ciertas emociones, aunque son más difíciles de identificar y mucho más complejas.

Sin embargo, las emociones no solo nos protegen e informan en un nivel primitivo. Las emociones también sirven como señales sociales. Cuando podemos identificar las emociones de una persona en función de su lenguaje corporal o expresión facial, podemos determinar varias cosas. Las emociones de las personas pueden reflejar su disposición hacia ti, en otras palabras, la naturaleza de su relación. También puede proporcionar información importante sobre la conversación. Cuando una persona bosteza, por ejemplo, puede indicar que considera que la conversación es aburrida o poco interesante. Esta pista emocional le proporciona una advertencia de que debe cambiar la dirección de la conversación. Las señales sociales nos ayudan a construir mejores relaciones y relacionarnos de manera más efectiva con los demás.

Sin emociones, nuestras vidas serían primitivas y aburridas. Las emociones agregan profundidad a nuestras vidas y nos permiten experimentar cosas como el amor, la creatividad y la inspiración. Estas cosas pueden enriquecer la vida y agregar valor a nuestra existencia.

Capítulo 2: Inteligencia Emocional

La inteligencia emocional, a veces denominada por el CI, es la capacidad de identificar y diferenciar las emociones a medida que surgen. Implica ser consciente de sus emociones y ser capaz de comprender y manejar efectivamente estas emociones una vez que se han identificado. La inteligencia emocional ayuda a guiarlo a través de sus propios pensamientos, emociones y comportamientos, y lo ayuda a comprenderlos y comprenderlos mejor. Las personas emocionalmente inteligentes a menudo toman decisiones mejores y más responsables, ya que actúan lógicamente y tienden a pensar las cosas en lugar de reaccionar a partir de su disposición emocional.

La inteligencia emocional no solo ayuda a identificar sus propias emociones, comportamientos y pensamientos, sino que también ayuda a identificar y comprender las emociones y los comportamientos de los demás. La inteligencia emocional aumenta sus capacidades de trabajar bien con las personas y comprenderlas más profundamente. Le ayudará significativamente a dar sentido a los comportamientos y reacciones de otras personas, ya que estará mejor equipado para comprender cómo se sienten. Cuando comprendes qué son las emociones y de dónde provienen, es más fácil simpatizar con los demás y manejar situaciones cargadas de emociones.

Aunque la inteligencia, o CI, es una herramienta útil, los científicos coinciden en que tener un alto nivel de inteligencia no es suficiente. Argumentan que tener un CE alto es igualmente importante para tener éxito en la vida. En una era de globalización e interacción social, trabajar con personas diversas es una parte integral de la vida tal como la conocemos. La inteligencia emocional nos ayuda a hacer esto de manera responsable y efectiva. La inteligencia emocional es diferente del coeficiente intelectual en que se puede adquirir y refinar a través de la práctica.

Hay cinco características que comúnmente están vinculadas con la inteligencia emocional. Estas características son autoconciencia, autorregulación, motivación, empatía y habilidades sociales. Tener un equilibrio en estas características puede resultar muy beneficioso y puede simplificar el proceso de trabajar con otros.

Características de la Inteligencia Emocional

1. *Autoconciencia*

Una de las características de las personas que son emocionalmente inteligentes es la autoconciencia. La autoconciencia implica ser consciente de tus emociones y reconocerlas a medida que ocurren. Implica comprender sus emociones y sintonizar sus sentimientos. Las personas emocionalmente inteligentes no evitan las emociones negativas. Más bien, identifican estas emociones y tratan de entender dónde se originaron. Las emociones negativas deben procesarse en lugar de inhibirse, ya que inhibir las emociones negativas puede ser perjudicial tanto para la salud física como mental. Las personas emocionalmente inteligentes son conscientes de este hecho y, por lo tanto, son capaces de superar sus emociones de manera más efectiva. Se toman el tiempo para reflexionar y trabajar a través de ellos en lugar de reaccionar de inmediato basándose en un sentimiento.

Las personas con un alto nivel de inteligencia emocional generalmente se conocen bien y conocen sus propias fortalezas y debilidades. Aquellos que son conscientes de sí mismos tienen altos niveles de confianza en sí mismos y tienden a ser muy conscientes de sus emociones, de dónde provienen sus emociones y cómo estas emociones afectan sus patrones de pensamiento y comportamiento. Las personas emocionalmente inteligentes entienden que la perfección es un estándar inalcanzable. Pueden reconocer su vulnerabilidad y asumir la responsabilidad de sus errores y debilidades.

2. *Autorregulación*

La autorregulación es otro aspecto de la inteligencia emocional. Este aspecto implica la capacidad de una persona para controlar sus emociones e impulsos. Las personas que han dominado la autorregulación pueden abstenerse de tomar decisiones impulsivas y descuidadas basadas en sus sentimientos. Las personas emocionalmente inteligentes no permiten que sus emociones controlen su toma de decisiones. A menudo son reflexivos y hacen consideraciones exhaustivas en lugar de tomar decisiones impulsivas o precipitadas basadas en sus sentimientos. Aquellos con altos niveles de inteligencia emocional son expertos en autocontrol y practican la conciencia.

Las personas emocionalmente inteligentes se sienten cómodas con el cambio y pueden adaptarse a los cambios repentinos de manera más fácil y efectiva. No permiten cambios impredecibles que los saquen por sorpresa o afecten su funcionamiento. En cambio, reconocen que el cambio es imprescindible e inevitable y, por lo tanto, intentan adaptarse con mínimas perturbaciones. Dominar la autorregulación también le da a uno la capacidad de decir no cuando es necesario, evitando así numerosas situaciones incómodas. Las personas emocionalmente inteligentes suelen ser mucho mejores para controlar y controlar sus emociones, estados de ánimo y reacciones. Tienden a vivir vidas más equilibradas. No asumen más responsabilidad de la que pueden manejar.

3. *Motivación*

Las personas emocionalmente inteligentes a menudo tienen objetivos claros y alcanzables. Generalmente son más productivos y efectivos en lo que hacen. Están abiertos a nuevos desafíos y trabajan duro para lograr lo que se propusieron lograr. Las personas emocionalmente inteligentes practican el optimismo y tratan de mantener una actitud positiva tanto como sea posible. No permiten que las fallas temporales y los contratiempos afecten sus objetivos a largo plazo. Aceptan que el fracaso es una parte integral de la vida y no debe tomarse como algo personal.

Cuando las personas emocionalmente inteligentes se comprometen con algo, cumplen su compromiso con lo mejor de sus habilidades. Están motivados y empeñados en lograr el éxito. La inteligencia emocional mejora la autodisciplina y la fuerza de voluntad, lo que hace que las personas emocionalmente inteligentes sean significativamente más productivas en general. Las personas emocionalmente inteligentes no permiten que las fallas temporales afecten y descarrilen sus objetivos a largo plazo. Reconocen que el fracaso es parte del proceso de aprendizaje y aprenden de sus errores. Usan sus fallas y errores para alimentar sus esfuerzos.

4. *Empatía*

Las personas con un alto nivel de inteligencia emocional tienden a ser muy empáticas. Las personas empáticas pueden identificarse y comprender las necesidades de los demás. La inteligencia emocional te permite reconocer mejor las emociones de los demás. En consecuencia, las personas que son emocionalmente inteligentes son más competentes en el manejo de las relaciones y en la escucha y relación con los demás. Las personas emocionalmente inteligentes evitan los estereotipos y llegar a conclusiones a toda costa. Son más propensos a tratar de comprender las perspectivas de los demás y, por lo tanto, pueden comprender y conectarse con otros más fácilmente. Tienden a aceptar las opiniones de los demás, independientemente de si están de acuerdo con estas opiniones. Las personas emocionalmente inteligentes saben que los puntos de vista opuestos no son un ataque a sus percepciones, sino simplemente una forma diferente de ver.

Las personas emocionalmente inteligentes no solo consideran las emociones de los demás, sino que también anticipan cómo sus acciones y comportamientos se afectarán a sí mismos y a otras personas. Consideran las necesidades de los demás junto con las propias y se abstienen de tomar decisiones que perjudiquen innecesariamente a los demás.

5. Habilidades Sociales

Las buenas habilidades interpersonales son otro factor determinante en la inteligencia emocional. Las personas emocionalmente inteligentes a menudo son jugadores de equipo y pueden cooperar y colaborar con éxito con otros. La característica de la empatía juega un papel importante en las habilidades sociales de una persona. Las personas emocionalmente inteligentes son mejores jugadores de equipo debido al hecho de que son más capaces de comprender y relacionarse con quienes los rodean.

Su enfoque analítico los hace competentes para resolver y gestionar conflictos, por lo que los capacita para gestionar las relaciones. Dado que las personas emocionalmente inteligentes no son egoístas, son mejores para construir relaciones efectivas y significativas en lugar de fijarse exclusivamente en su propio progreso. Las personas emocionalmente inteligentes no se centran simplemente en sí mismas. Pueden ayudar a otros a desarrollarse junto a ellos sin sentirse amenazados por el éxito de los demás. Pueden adaptarse rápida y fácilmente y no tienen miedo al cambio. Su naturaleza empática también los convierte en excelentes comunicadores.

¿Por Qué es Importante la Inteligencia Emocional?

La inteligencia emocional es crucial para experimentar el éxito en todos los ámbitos de su vida: personal, social y profesional. La investigación demuestra que las personas emocionalmente inteligentes son más propensas a llevar vidas exitosas, saludables y felices.

Dado que la inteligencia emocional le brinda la capacidad de identificar y manejar sus emociones de manera más efectiva, desarrollar su CE mejorará significativamente su calidad de vida y disminuirá la cantidad de conflicto que experimenta. La confianza en uno mismo y la motivación son aspectos que hacen la vida mucho más fácil. Un aumento en la inteligencia emocional lo ayudará a lidiar con las emociones negativas en lugar de ignorarlas. Finalmente, también podrás abrazar las emociones positivas. La inteligencia emocional también ayuda con la regulación emocional. Le ayuda a controlar las emociones fuertes y, posteriormente, a evitar las decisiones impulsivas y las reacciones que pueden surgir como resultado de estas emociones.

Otro beneficio de ser emocionalmente inteligente es que te permite ser un mejor amigo, padre, empleado, líder y compañero. Afecta significativamente la forma en que manejas las relaciones. La inteligencia emocional puede ayudarlo a construir una vida más feliz, más significativa y más decidida. Afecta todos los aspectos de tu vida.

La inteligencia emocional también mejorará tus habilidades para tomar decisiones. Le ayudará a evitar tomar decisiones precipitadas e impulsivas al permitirle lidiar con las emociones a medida que ocurren. Serás más consciente del efecto que tus emociones tienen en tus pensamientos y decisiones.

La inteligencia emocional puede ser tremendamente útil para mejorar sus mecanismos de afrontamiento y sus experiencias. Mejorará los aspectos profesionales, personales y sociales de su vida y lo ayudará a administrarlos con éxito. Con la inteligencia emocional, también obtendrá una sensación de equilibrio en todos los aspectos de su vida.

Capítulo 3: Las Dimensiones Profesionales de la Inteligencia Emocional

La inteligencia emocional juega un papel importante en el lugar de trabajo. Aunque existe cierta disputa sobre si la inteligencia emocional es absolutamente esencial para el éxito en el lugar de trabajo, se acepta que la inteligencia emocional es un factor crucial en el liderazgo. La inteligencia emocional también juega un papel importante en la influencia de una persona sobre los demás. La influencia, como cualquier persona en el mundo de los negocios sabe, es una herramienta que puede ser muy útil en el sector corporativo. Las personas emocionalmente inteligentes son capaces de dominar la habilidad de persuasión, que se puede usar de manera increíble en el sector profesional. Mejorar su inteligencia emocional lo ayudará a utilizar mejor la persuasión a través del desarrollo de la empatía y las habilidades sociales.

La Importancia del CE en el Lugar de Trabajo

Aunque el coeficiente intelectual (CI) es una cualidad importante en el lugar de trabajo, la inteligencia emocional lo distingue de los demás en el sector corporativo. La inteligencia emocional es una característica especialmente importante en el liderazgo, y no todos la tienen. El trabajo en equipo es una parte esencial de la experiencia laboral, por lo que la inteligencia emocional es tan importante en el mundo profesional. Los estudios también sugieren que la inteligencia emocional está directamente relacionada con el rendimiento y que las personas emocionalmente inteligentes tienden a desempeñarse mejor en general. Las personas que son emocionalmente inteligentes pueden trabajar bajo presión, a pesar del estrés, de manera más eficiente. También pueden resolver conflictos con facilidad.

Los profesionales emocionalmente inteligentes también tienden a responder con empatía. Pueden evaluar el efecto de sus emociones, reacciones y decisiones sobre sí mismos y sus colegas. Antes de poder mejorar y sacar lo mejor de tu equipo, primero debes ser capaz de sacar lo mejor de ti mismo. Los líderes influyentes lideran con el ejemplo, y ser emocionalmente inteligente es definitivamente un ejemplo que desea dar. La empatía te permite comunicarte más claramente que la mayoría.Reduce significativamente las posibilidades de mala comunicación y malentendidos. La inteligencia emocional le permite apoyar mejor a sus empleados y crear un ambiente más positivo. Crear un ambiente positivo permitirá a sus empleados y colegas trabajar más duro y de manera más productiva, ya que aumenta su motivación y motivación. La inteligencia emocional impulsa la excelencia personal y, por lo tanto, crea un mejor empleado y líder.

La inteligencia emocional puede no ser el único requisito previo para experimentar el éxito en el lugar de trabajo, pero sí aumenta sus posibilidades de tener éxito de manera significativa. Las personas emocionalmente inteligentes son mejores para identificar sus propias necesidades y las necesidades de los demás. Esto significa que pueden satisfacer sus necesidades y las necesidades de quienes los rodean, creando un ambiente de trabajo positivo y satisfactorio. La inteligencia emocional tiene el potencial de mejorar la moral en el lugar de trabajo. Las personas emocionalmente inteligentes no solo son buenas para alcanzar sus propios objetivos, sino que también pueden ayudar a otros a alcanzar su potencial.

En el mundo moderno de hoy, la comunicación es clave. Dado que las personas emocionalmente inteligentes son buenas comunicadoras, esto las convierte en un gran activo en el lugar de trabajo. Pueden evitar conflictos innecesarios y pueden resolver conflictos pacíficamente según sea necesario. Las personas emocionalmente inteligentes también son mejores para determinar situaciones beneficiosas para todos, ya que son más hábiles para considerar varias perspectivas simultáneamente y para empatizar con los demás. A menudo son expertos en encontrar un terreno común, una habilidad que es definitivamente ventajosa, si no invaluable, en el lugar de trabajo.

Signos de Bajo CE en el Lugar de Trabajo

Existen numerosos signos de baja inteligencia emocional que se manifiestan en las personas en el trabajo. Estos signos son fáciles de identificar y puede sorprenderle la cantidad de personas con las que trabaja que los exhiben. Incluso puede detectarlos en usted mismo.

1. Falta de responsabilidad

Las personas con poca inteligencia emocional a menudo son la víctima y rara vez se hacen responsables de sus acciones y errores. Mas bien, tienden a culpar a otros por sus defectos. Cuando surge un problema en el trabajo, puede estar seguro, según ellos, que nunca será su culpa. Apuntarán con los dedos en todas las direcciones, excepto a sí mismos.

2. Falta de Habilidades para la Comunicación

Otra característica de alguien con poca inteligencia emocional en el lugar de trabajo son las malas habilidades de comunicación. Comunicarse en el lugar de trabajo no es fácil, por defecto, pero la mayoría de las personas pueden comunicar lo que necesitan para comunicarse de manera asertiva, sin molestar a los compañeros de trabajo. Aquellos con un CE bajo, por otro lado, a menudo parecen pasivos, agresivos o pasivo-agresivos.

3. Falta de Habilidades con la Gente

Las personas que carecen de inteligencia emocional a menudo carecen de las habilidades de las personas. Tienden a negarse a trabajar en equipo porque no pueden mantener relaciones saludables. Llevarse bien y la comunicación general resulta ser un desafío. Su falta de empatía y perspectiva los deja incapaces de trabajar bien con los demás, y a menudo están involucrados en conflictos.

4. Altamente Crítico

Las personas con bajos niveles de inteligencia emocional son demasiado críticas y tienden a criticar con frecuencia. Se apresuran a señalar los defectos y errores de los demás de una manera no diplomática. Por supuesto, se supone que los compañeros de trabajo deben ayudar a sus colegas a mejorar; pero, aquellos con un CE bajo parecerán simplemente desglosar a las personas. En lugar de criticar constructivamente, recurren a avergonzar y culpar a otros.

5. Incapacidad para Manejar las Críticas

Irónicamente, estas personas no pueden aceptar las críticas por sí mismas. A menudo ven las críticas como un ataque a su trabajo y su persona. Tienden a reaccionar exageradamente e incluso pueden recurrir a revolcarse o autocompasarse. Estas reacciones injustificadas ciertamente no alentarán el progreso dentro de la empresa.

6. Incapacidad para Adaptarse

Las personas con poca inteligencia emocional a menudo temen el cambio y no pueden adaptarse fácilmente. Puede parecer el cambio más pequeño a otra persona, pero el colega de bajo CE puede tender a entrar en pánico cuando se encuentran con un cambio. Si acuerdan adaptarse, ciertamente tomarán mucho más tiempo antes de volver.

7. Incapacidad para Afrontar el Fracaso

En la misma línea que el manejo de las críticas, las personas que carecen de inteligencia emocional no pueden hacer frente al fracaso. Toman el fracaso personalmente y se detienen en estos fracasos. Tienden a permitir que las fallas se interpongan en el camino de sus objetivos a largo plazo. Puede parecer que se olvidan fácilmente de los éxitos pasados y dejan que el fracaso llene toda su visión.

8. Bajo Rendimiento Constante

El bajo rendimiento constante es otro rasgo que se observó entre las personas con poca inteligencia emocional. Muchos de los signos mencionados anteriormente pueden ser los culpables de esto. Su incapacidad para hacer frente al cambio, trabajar bajo presión y su incompetencia social les dificulta la excelencia.

9. Falta de Habilidades de Liderazgo

Las personas con poca inteligencia emocional tienden a carecer de habilidades de liderazgo. Dado que las habilidades de liderazgo a menudo van de la mano con habilidades sociales y tacto, estas personas a menudo encuentran difícil el trabajo en general. Se espera que los líderes tengan habilidades con las personas, se responsabilicen y alienten a sus empleados. Aquellos con un EQ bajo claramente lucharán. Es posible que no cumplan bien con los requisitos mínimos del lugar de trabajo, y mucho menos una posición de liderazgo.

10. Incapacidad para Manejar el Estrés

Las personas que carecen de inteligencia emocional se estresan fácilmente y tienden a estar irritables. La incapacidad para manejar el estrés también tiene un efecto negativo. El estrés mal manejado hace que una persona sea difícil de trabajar y hace que el proceso de comunicación sea mucho más difícil.

Signos de Alto CE en el Lugar de Trabajo

Las personas con altos niveles de inteligencia emocional a menudo son mejores líderes y tienden a poseer una serie de cualidades de liderazgo de forma natural. Su empatía y habilidades sociales los hacen mejores comunicadores y su motivación los impulsa no sólo a mejorar, sino también a ayudar a otros a mejorar. Son más propensos a la introspección y, por lo tanto, pueden reflexionar mejor sobre sus fracasos y éxitos.

1. Habilidades para Tomar Buenas Decisiones

Las personas con altos niveles de inteligencia emocional a menudo son mucho más efectivas en la toma de decisiones y la resolución de problemas. Su naturaleza respetuosa y considerada les permite evitar conflictos y les impide tomar decisiones precipitadas e impulsivas

2. Capaz de Trabajar Bajo Presión

Las personas emocionalmente inteligentes pueden trabajar bien en situaciones de alto estrés y no se pliegan fácilmente bajo presión. Usan la presión como motivador, no como obstáculo. La presencia de presión tampoco afecta visiblemente su comportamiento o cómo tratan a los demás. Son fríos y tranquilos.

3. Habilidades para Resolver Conflictos

En caso de conflicto, las personas con un alto nivel de inteligencia emocional están en mejores condiciones para resolver conflictos, ya que pueden empatizar y considerar múltiples perspectivas. Sus habilidades sofisticadas para la toma de decisiones también son útiles en tiempos de conflicto.

4. Empatía

La empatía es una de las características centrales de las personas con altos niveles de inteligencia emocional. Son capaces de escuchar atentamente y simpatizar con quienes les rodean. También son más capaces de ponerse en los zapatos proverbiales de la otra persona y, por lo tanto, son capaces de comprender mejor otras perspectivas con mayor facilidad.

5. Reflexionar Constructivamente Sobre la Crítica

En lugar de simplemente reaccionar a las críticas, las personas con altos niveles de inteligencia emocional pueden escuchar, reflexionar y responder a las críticas de una manera constructiva y beneficiosa para el lugar de trabajo. Se dan cuenta de que la crítica puede ser útil y puede ayudarlos a mejorar ellos mismos y su desempeño. Por lo tanto, pueden beneficiarse de la crítica, en lugar de considerarla un ataque a su carácter o esfuerzos. Lo usan como una herramienta para el progreso.

6. Habilidad de Manejar Situaciones Difíciles

Las personas emocionalmente inteligentes son capaces de manejar con éxito situaciones difíciles, en lugar de evitar o escapar de estas situaciones. Mantienen la calma y la calma y responden a estas situaciones de manera responsable y lógica. Son capaces de dar un paso atrás y tomar decisiones inteligentes y deliberadas para resolver el problema.

7. Respetado

Las personas emocionalmente inteligentes a menudo son respetadas por quienes las rodean. Esto se debe a su naturaleza empática y a sus esfuerzos por comprender a los demás. Las personas emocionalmente inteligentes son más agradables en general. Hacen que los compañeros de trabajo quieran ser más como ellos.

8. Reconoce los Esfuerzos de Otros

Las personas con un alto nivel de inteligencia emocional pueden dejar de lado sus propios intereses y tomarse el tiempo para alabar los esfuerzos de los demás. Confían en su propio trabajo y, por lo tanto, no sienten la necesidad de defenderse constantemente y regodearse únicamente de sí mismos. Alientan y fortalecen a quienes los rodean al reconocer los logros de los demás, grandes y pequeños.

9. Proporciona Información Valiosa

Además de poder tomar las críticas de manera constructiva, las personas emocionalmente inteligentes pueden ofrecer comentarios útiles y constructivos. Pueden analizar una situación de manera efectiva y sus habilidades de comunicación asertiva les ayudan a comunicarse claramente sobre dónde se pueden hacer mejoras y qué aspectos fueron efectivos.

Capítulo 4: Las Dimensiones Sociales de la Inteligencia Emocional

Teniendo en cuenta la naturaleza empática y social de la inteligencia emocional, desempeña un papel importante e importante en el sector social de su vida. Mejorar su inteligencia emocional lo ayudará a crear relaciones más significativas, comunicarse de manera más efectiva y mejorará significativamente sus habilidades de resolución de conflictos. Las personas con un mayor nivel de inteligencia emocional tienden a tener relaciones más duraderas y significativas, y pueden evitar conflictos innecesarios.

La Importancia de la Inteligencia Emocional en las Relaciones

Hay varias cosas que significan la importancia de la inteligencia emocional en el sector social de su vida. La falta de inteligencia emocional puede conducir fácilmente a conflictos innecesarios, falta de comunicación y malentendidos en las relaciones. Dado que la inteligencia emocional te ayuda a considerar las perspectivas de los demás y comprender sus emociones, te ayudará a gestionar mejor tus relaciones. La inteligencia emocional te ayuda a reconocer qué funciona y qué no funciona en una relación, permitiéndote tomar una decisión informada sobre todas las relaciones en tu vida. La inteligencia emocional también te ayuda a ser más consciente de los cambios en las relaciones, lo que te ayuda a evaluar estas relaciones en el camino. Conocer estos cambios puede ayudarlo a evitar conflictos y problemas de comunicación en una etapa posterior de la relación. Tener niveles más altos de inteligencia emocional, por lo tanto, le proporciona una mejor visión de sus relaciones, lo que puede garantizar que todas sus relaciones sociales sean exitosas.

Las grandes emociones son naturales en las relaciones sociales. Dado que la inteligencia emocional lo ayuda a regular y comprender sus emociones, ser emocionalmente inteligente reduce significativamente el riesgo de reaccionar impulsivamente cuando sus emociones estallan. Las reacciones impulsivas pueden ser muy perjudiciales para las relaciones. Estos daños pueden ser irreparables y pueden convertirse fácilmente en la causa de innumerables conflictos acalorados e incluso el final de algunas relaciones. Las reacciones impulsivas pueden llevarlo a decir algo que no quiere decir, que inevitablemente lastimará a la otra persona. Ser capaz de controlar sus emociones y evitar reacciones impulsivas lo salvará a usted (y a quienes lo rodean) de una cantidad significativa de dolor e incomodidad

La inteligencia emocional permite establecer conexiones más profundas y relaciones más significativas a través de la empatía. Sin embargo, con altos niveles de inteligencia emocional viene una gran responsabilidad. Estar sintonizado con las emociones de los demás puede darte una ventaja y puede usarse fácilmente con fines egoístas. Tenga cuidado de manipular a otros por sus propios intereses egoístas. La manipulación no es saludable y puede ser muy perjudicial para la otra persona en la relación. La manipulación no debe ser parte de ninguna relación.

Signos de Bajo CE en las Relaciones

Estar en una relación con alguien que tiene bajos niveles de inteligencia emocional puede ser muy dañino y agotador. Del mismo modo, tener un bajo nivel de inteligencia emocional puede tener el mismo efecto en los que te rodean. Por lo tanto, es importante tomar nota de los signos de baja inteligencia emocional en una relación. Esto no solo lo ayudará a identificar a aquellos con bajos niveles de inteligencia emocional. También lo ayudará a determinar dónde se encuentra y en cuántos aspectos debe trabajar para mejorar su inteligencia emocional.

1. Tendencia a Argumentar

Las personas con un bajo nivel de inteligencia emocional discuten rápidamente y tienden a transformar incluso las discusiones más simples en una discusión. Son inseguros en sí mismos y, por lo tanto, tienden a ser extremadamente conflictivos.

2. Incapacidad de Aceptar Críticas

Dado que las personas con bajos niveles de inteligencia emocional son tan inseguras y defensivas, tienden a recibir críticas muy malas. A menudo ven las críticas como un ataque a su personaje y a ellos mismos personalmente.

3. Falta de Responsabilidad

Las personas con un bajo nivel de inteligencia tienden a culpar a otros por sus errores. Raramente se hacen responsables de sus acciones y rápidamente culpan a los demás. En una relación sana, ambas partes deben aceptar la responsabilidad de nutrirla.

4. Emocionalmente Temperamental

Las personas que carecen de inteligencia emocional son propensas a arrebatos emocionales. Como no logran identificar y reconocer sus emociones, no pueden procesar estas emociones. En consecuencia, terminan en erupción como la analogía del volcán en el Capítulo Uno. Del mismo modo, las personas que carecen de inteligencia emocional también tienen dificultades para controlar sus emociones. Tienden a tomar decisiones precipitadas e impulsivas en función de cómo se sienten porque no pueden identificar y procesar sus emociones de manera efectiva.

5. Acusa a Otros de ser Hipersensible

Irónicamente, las personas con bajos niveles de inteligencia emocional tienden a acusar a otros de ser demasiado sensibles. Su tendencia a ser poco comprensivos y poco dispuestos a considerar otras verdades y perspectivas los hace ciegos a la forma en que podrían estar afectando a otros. No ven nada malo en sus propias acciones y, por lo tanto, acusan a la otra persona de ser demasiado sensible.

6. Terco

Las personas que carecen de inteligencia emocional a menudo son tercas y se niegan a escuchar las percepciones y opiniones de los demás. Cuando escuchan, a menudo se niegan a reconocer o aceptar esas opiniones y perspectivas que no están en línea con sus propios puntos de vista y creencias.

7. Incapacidad para Afrontar Situaciones con Carga Emocional

Las personas que tienen un bajo nivel de inteligencia emocional no pueden hacer frente a situaciones altamente emocionales. Sus tendencias a evitar sus emociones en la medida de lo posible los dejan incapaces de manejar estas situaciones. Es probable que se sientan incómodos y se retuerzan en estas situaciones. Incluso pueden huir de la situación.

8. Demasiado Crítico y Prejuicioso

Las personas con un bajo nivel de inteligencia emocional a menudo son críticas y rápidas de juzgar. Llegan fácilmente a conclusiones antes de considerar la historia completa o la perspectiva de la otra persona.

9. Morar en los Errores

Estas personas son propensas a morar en los errores y tienden a señalar estos errores durante los argumentos y discusiones. Se niegan a perdonar o tardan mucho más en perdonar.

10. Emocionalmente Inapropiado

Las personas que carecen de inteligencia emocional tienden a ser ofensivas y emocionalmente inapropiadas. Su incapacidad para procesar emociones efectivamente los hace incapaces de determinar la acción correcta para la ocasión. Como resultado, estas personas pueden reírse en un funeral o en un momento muy serio. Su incapacidad para comunicarse de manera clara y asertiva, combinada con su falta de empatía puede llevarlos a ser muy insensibles e incluso ofensivos a veces.

11. Desestimar Emociones

Las personas con un bajo nivel de inteligencia emocional tienden a trivializar sus emociones. No creen que trabajar a través de las emociones sea importante e incluso pueden creer que las emociones sólo afectan a los débiles.

12. Egocéntrico

Estas personas tienden a ser muy egoístas y actúan como si el mundo girara en torno a ellas. Sus acciones están motivadas por ganancias personales y rara vez consideran cómo sus acciones afectarán a los demás.

Signos de Alto CE en las Relaciones

Las personas con altos niveles de inteligencia emocional tienden a fomentar relaciones más saludables y significativas. Son capaces de mantener sus relaciones por períodos más largos y tienden a ser más felices en sus relaciones.

1. Comunicarse Claramente

Las personas con un alto nivel de inteligencia emocional tienden a expresarse más claramente. Son capaces de comunicar de manera asertiva sus necesidades y no tienen miedo de hablar cuando algo les molesta.

2. Equilibrio

Las personas emocionalmente inteligentes también son más propensas a llevar una vida sana y equilibrada. Son capaces de reconocer que el equilibrio es necesario e importante, y que el compromiso excesivo con un sector en particular puede ser perjudicial tanto para su salud como para las otras áreas de su vida.

3. Habilidad para Manejar Conflictos

Las personas con niveles más altos de inteligencia emocional tienden a ser mucho mejores en el manejo de conflictos. Su empatía los hace más eficientes para abordar problemas y resolver conflictos sin que la situación se caliente demasiado.

4. Fomentar Relaciones Significativas

Las personas emocionalmente inteligentes pueden relacionarse de manera más fácil y efectiva con otras personas y, por lo tanto, es más probable que hagan y mantengan amigos. Sus relaciones tienden a durar más y ser más gratificantes.

5. Reconocer las Emociones de los Demás

Las personas con niveles más altos de inteligencia emocional pueden reconocer cuándo otras personas están angustiadas y pueden leer las emociones de los demás. Esto los hace mucho más efectivos para simpatizar con los demás.

Capítulo 5: Las Dimensiones Personales de la Inteligencia Emocional

Además de sus beneficios en el lugar de trabajo y en las relaciones, la inteligencia emocional tiene un efecto tremendo en las partes personales de su vida y puede afectar considerablemente su crecimiento personal. Dominar o mejorar la inteligencia emocional puede mejorar su calidad de vida significativamente.

El Papel de la Inteligencia Emocional en el Crecimiento Personal

La inteligencia emocional tiene un efecto significativo en el crecimiento personal. La motivación es una de las principales características de la inteligencia emocional, puede ser muy beneficiosa para sus sueños y aspiraciones y puede hacer que la vida sea mucho más decidida. Estar motivado significa establecer metas y trabajar para lograr esas metas. Estos objetivos no solo son aplicables al mundo corporativo, sino que también pueden incluir sus sueños y aspiraciones individuales. Tener sueños y aspiraciones es una parte importante para crear una vida sana y feliz.

Además, las personas emocionalmente inteligentes tienden a vivir vidas más equilibradas. Las personas que viven vidas equilibradas son generalmente más felices y saludables, y a menudo son capaces de lograr más en un espectro más amplio. Las personas que conocen sus emociones y están en mejores condiciones para manejar sus emociones tienen menos probabilidades de ser víctimas de enfermedades o dolencias mentales. También evitan las dolencias físicas que pueden acompañar la supresión de las emociones.

Las personas que tienen niveles más altos de inteligencia emocional tienen más probabilidades de experimentar éxito en todos los aspectos de su vida. A menudo se destacan en el mundo corporativo, son capaces de gestionar las relaciones de manera más fluida y tienen más probabilidades de tener éxito en lo que se propongan. Su impulso y motivación les da la capacidad de superar las adversidades y permanecer enfocados y determinados en la tarea en cuestión. Sus tendencias a ser curiosos y apasionados les dan un cierto celo que puede ayudarlos a mejorar su calidad de vida y aumentar notablemente sus posibilidades de éxito. Se niegan a ser retrasados por el fracaso y ven el fracaso como una lección en lugar de una indicación para dejarlo.

Las personas emocionalmente inteligentes tienden a ser más analíticas y, por lo tanto, más hábiles para resolver problemas. Las habilidades para resolver problemas pueden ser muy útiles y beneficiosas, ya que enfrentar problemas es inevitable en la vida.

La inteligencia emocional también ayuda con el manejo del estrés y el afrontamiento bajo presión. Las personas emocionalmente inteligentes pueden manejar el estrés de manera efectiva y, por lo tanto, pueden trabajar bien en cualquier circunstancia, lo que aumenta drásticamente sus posibilidades de éxito. El estrés y las situaciones de alta presión afectan no solo su vida profesional, sino que pueden ser parte de cualquier sector de su vida.

Por lo tanto, controlar el estrés y hacer frente a la presión es una habilidad esencial que se debe desarrollar para garantizar un futuro saludable.

Ser emocionalmente inteligente también significa que eres capaz de discernir entre tus deseos y necesidades. Ser capaz de satisfacer eficazmente sus necesidades inevitablemente conducirá a una vida más feliz y más plena.

Las personas emocionalmente inteligentes son optimistas. Tienden a buscar las cosas positivas en la vida y, por lo tanto, no son influenciados fácilmente por sus circunstancias. Los optimistas tienden a ser más felices y más satisfechos con sus vidas, ya que pueden sacar lo mejor de cualquier situación.

La adaptabilidad es otro beneficio de ser emocionalmente inteligente y un importante factor de éxito. Las personas emocionalmente inteligentes pueden adaptarse a cualquier situación y, por lo tanto, rara vez se ven afectadas por el cambio.

Las personas emocionalmente inteligentes se respetan a sí mismas y a menudo son respetadas por quienes las rodean. Su naturaleza empática tiende a hacerlos más agradables.

Identificar Emociones

Ser capaz de identificar tus emociones es esencial para mejorar y desarrollar tu inteligencia emocional. Reconocer tus emociones es el primer paso para tomar el control de tus emociones, en lugar de permitir que tus emociones te controlen.

Las emociones a menudo vienen con ciertas señales fisiológicas. Practique la localización de estas señales fisiológicas y asócielas con cierta emoción. Por ejemplo, tome nota de la frecuencia cardíaca elevada, la sudoración, las sacudidas estomacales, etc. ¿Qué pasó cuando notaste estas señales fisiológicas? ¿Cómo te sentiste? Su cuerpo a menudo responderá a ciertas emociones de la misma manera. Puede sentir un aumento en la temperatura corporal cuando se siente avergonzado, por ejemplo, o una frecuencia cardíaca elevada cuando siente miedo. Tomar nota de estas reacciones y cómo te sientes mientras experimentas estas reacciones te ayudará a identificar mejor tus emociones.

Las emociones también se combinan con señales psicológicas. Cuando sientes cierta emoción, tus pensamientos y sentimientos tienden a ir en cierta dirección. Conocer sus pensamientos y cuándo ocurren puede ayudarlo a formar asociaciones con ciertas emociones, y puede ayudarlo a identificar estas emociones más fácilmente en el futuro.

La intensidad y la duración de las emociones también pueden darle una pista sobre la gravedad de la situación. Recuerde que sus emociones comunican ciertos mensajes con respecto a sus necesidades o deseos. Identificar el mensaje que sus emociones pueden comunicarle lo ayudará a identificar y procesar mejor sus emociones. Cuando haya identificado síntomas de ansiedad, por ejemplo, pregúntese por qué se siente ansioso y cómo puede abordar la situación en el futuro. La próxima vez que se sienta ansioso, podrá superar su ansiedad a un ritmo más rápido.

Una vez que pueda identificar sus emociones, puede determinar el curso de acción para lidiar con estas emociones.

Lidiar con Emociones

El siguiente paso para mejorar su crecimiento personal es aprender a lidiar con sus emociones una vez que han sido identificadas. Inhibir o ignorar las emociones no es saludable y dará lugar a reacciones y comportamientos impulsivos en una etapa posterior.

La primera cosa, muy importante a tener en cuenta es por lo tanto no someter o inhibir sus emociones. Las emociones son un aspecto importante de la conciencia. Ocurren por una razón y por lo tanto deben ser sentidas. Las emociones inhibidoras pueden llevar a una serie de problemas y complicaciones, como la depresión e incluso enfermedades psicosomáticas. No tratar con las emociones también puede causar tensión en su cuerpo, que puede ser muy agotador y doloroso. Lidiar con, y trabajar a través de sus emociones previene eficazmente estos problemas y lo deja en un estado mucho más saludable.

La primera forma de lidiar con sus emociones es simplemente hablando de ellas. Hablar sobre sus emociones ofrece alivio y previene complicaciones como la depresión y los síntomas psicosomáticos. Hablar a través de tus emociones te ayudará a sentirte mejor.

Otra opción es escribir sobre tus sentimientos. Llevar un diario lo ayudará a superar sus emociones y también sirve para liberar sus emociones. Esta estrategia puede ser tan efectiva como hablar sobre sus emociones, aunque la interacción social y el reconocimiento pueden ser importantes para algunos. Uno de los beneficios de llevar un diario es que puede reflexionar y determinar qué tan lejos ha llegado.

Otra opción sería encontrar una salida para tus emociones. El ejercicio puede ser muy beneficioso para su salud y es efectivo para ayudarlo a liberar sus emociones. La meditación y la oración es otra opción por la que muchos optan, que puede ser calmante y puede ayudarlo a regular sus emociones de manera más efectiva.

Planificar una salida con amigos también puede ayudar a liberar emociones, ya que estar con amigos es un relajante natural para la mayoría de las personas. Hay muchas otras opciones que se pueden explorar, como pintar, hacer álbumes de recortes e incluso crear un blog. Encontrar un pasatiempo o un interés puede ayudarlo a liberar el estrés innecesario y superar sus emociones.

La Terapia Cognitiva Conductual, o TCC, también es una opción para ayudarlo a lidiar con las emociones de manera más efectiva si las estrategias mencionadas anteriormente no funcionan para usted. La TCC es un tipo de psicoterapia que te enseña a ser más consciente de tus pensamientos, comportamientos y emociones. Le ayuda a identificar pensamientos destructivos y se enfoca en encontrar soluciones a estos problemas. La TCC se centra en interrogar el efecto de las emociones en tus percepciones de la realidad. Si estas percepciones son inexactas o inválidas, la TCC tiene como objetivo desarraigar estas percepciones y crear percepciones más realistas y válidas.

Es importante reflexionar sobre sus emociones para lidiar con ellas de manera efectiva. Una vez que haya identificado sus emociones, identifique los factores estresantes que desencadenan estas emociones. ¿De dónde vienen las emociones? ¿Cuándo recuerdas haber notado el sentimiento? Estas preguntas pueden ayudarlo a determinar la causa de esa emoción particular. Después de identificar los factores estresantes, trate de identificar las necesidades detrás de estas emociones. Satisfacer estas necesidades te ayudará a lidiar más efectivamente con tus emociones.

Capítulo 6: Estrategias para Mejorar la Inteligencia Emocional

Hay una serie de estrategias accionables que se pueden tomar para mejorar sus niveles de inteligencia emocional. El primer paso para mejorar su inteligencia emocional sería determinar su propio nivel de inteligencia emocional. He discutido algunos ejemplos de inteligencia emocional baja y alta en los capítulos tres y cuatro, que puedes usar para identificarte. Además, hay varias pruebas de inteligencia emocional que se pueden tomar y usar para la autoevaluación. A nivel corporativo, la retroalimentación de 360 grados se puede utilizar para medir la inteligencia emocional en el lugar de trabajo. La retroalimentación de 360 grados implica una evaluación de cada miembro del personal, proporcionando retroalimentación sobre el desempeño y la inteligencia emocional de un empleado.

Conocer su nivel de inteligencia emocional lo ayudará a determinar en qué medida debe trabajar para mejorar su inteligencia emocional. Estas estrategias se han categorizado y discutido de acuerdo con las cinco características principales enumeradas en el Capítulo Dos. Al mejorar estas cinco características, gradualmente mejorará su inteligencia emocional.

1. Autoconciencia

Mejorar su autoconciencia puede ayudar significativamente con el manejo de las emociones. Una vez que pueda manejar sus emociones de manera más efectiva, inevitablemente tomará mejores decisiones. La autoconciencia lo ayudará a no permitir que las emociones controlen su forma de actuar y tomar decisiones. Mejorar tu autoconciencia te ayudará a controlar tus emociones, en lugar de permitir que tus emociones te controlen. Estas estrategias te ayudarán a mejorar tu autoconciencia.

- Sé honesto contigo mismo

Es importante tener una mirada honesta de ti mismo, tus emociones y tus acciones. Ser honesto contigo mismo es un paso importante para mejorar tu inteligencia emocional.

● Asumir la responsabilidad

Tomar conciencia de sus acciones y decisiones es importante para mejorar su inteligencia emocional. Asumiendo la responsabilidad, podrá reflexionar más profundamente.

● Presta atención a tus emociones

Hacer un esfuerzo por reconocer sus emociones y analizar cómo afectan sus pensamientos, comportamientos y decisiones es otra forma de mejorar su autoconciencia. Intenta identificar tus fortalezas y debilidades emocionales.

● Recuérdate que las emociones son temporales

Cuando experimentamos momentos de emoción intensa, es tentador reaccionar y tomar una decisión en el momento. Sin embargo, es importante recordar en estos momentos que las emociones son fugaces. No permita que las emociones a corto plazo afecten sus decisiones a largo plazo.

2. Autorregulación

Mejorar la autorregulación implica observar cómo reaccionas a tus emociones. Mejorar su autorregulación lo ayudará a controlar sus impulsos. Podrá pensar las cosas de forma lógica y tomar una decisión objetiva e informada, en lugar de una decisión rápida y lamentable. Tome nota de las siguientes estrategias para mejorar sus habilidades de autorregulación.

● Mantén la Calma

Practica mantener tus emociones bajo control. Antes de reaccionar, respire profundamente y considere sus emociones. Si la situación está cargada de emociones, tómese un momento para alejarse y calmarse. Reaccionar ante tus emociones puede ser perjudicial en lugar de útil.

● Sé conciente de tus acciones

Examina cómo reaccionas ante situaciones estresantes y evalúa la efectividad de tus reacciones. Te darás cuenta de que reaccionar impulsivamente no es útil para la situación y, a menudo, causa daños y conflictos a largo plazo. Tome nota de estas reacciones y piense en las formas en que puede reaccionar en el futuro que serán más útiles para la situación.

- Piensa bien las cosas

Antes de tomar una decisión, considere sus sentimientos y cómo pueden afectar su juicio. Considere diferentes soluciones a un problema antes de tomar una decisión concreta y evalúe las diferentes formas en que podría reaccionar. Evalúe cuidadosamente el efecto que cada una de estas reacciones puede tener sobre la otra persona o la situación. Hacer una pausa y pensar en su reacción o decisión le ahorrará mucho dolor y pesar, y lo ayudará a evitar conflictos innecesarios.

- Encuentra una salida

Los pasatiempos suelen ser útiles para liberar el estrés y la tensión, lo que te ayudará a manejar mejor tus emociones. Comience a hacer ejercicio, pintar o dibujar. Encuentre algo que lo ayude a liberar el estrés del día y lo calme.

3. Motivación

La motivación puede ser frágil y fugaz. Las personas a menudo asocian la motivación con un arranque de entusiasmo por trabajar o lograr algo. Sin embargo, la motivación es más que eso. No es necesario que sea temporal, y puede ayudarlo a mantenerse enfocado en sus objetivos y propósitos de manera consistente. La motivación es una habilidad que se puede mejorar a través de una serie de estrategias.

- Practica una conversación positiva interna

Su autoimagen juega un papel importante en la calidad de su trabajo. Practicar un diálogo interno positivo puede ayudar a mejorar su impulso y su propia imagen, lo que lo motivará a trabajar más duro. No solo trabajará más duro, sino que probablemente encontrará el trabajo más agradable cuando esté motivado.

- Fomentar un entorno de trabajo positivo

Tener un ambiente de trabajo positivo hace que trabajar sea una experiencia más placentera y menos desalentadora y, por lo tanto, mejorará la productividad y la efectividad. Tener un ambiente de trabajo positivo también hará que el trabajo sea más agradable.

- Practica la gratitud

Practicar la gratitud y "contar tus bendiciones", por así decirlo, entrena la mente para mirar el lado positivo de las cosas y ser más optimista. Cuando te sientas desmotivado o frustrado, enumera las cosas por las que estás agradecido. Es probable que esto mejore tu estado de ánimo y entrenará tu cerebro para estar más agradecido.

- Establecer objetivos

Establecer objetivos es una parte importante de la motivación. Los objetivos a largo plazo nos ayudan a mantener nuestros ojos en el premio. Escriba estos objetivos y manténgalos cerca. Siempre que te sientas desmotivado, recuerda por qué empezaste. Establecer objetivos a corto plazo también es importante y puede ayudarlo a enfrentar los desafíos del día con más entusiasmo. No importa cuán pequeños sean, los logros nos ofrecen una sensación de cumplimiento y nos motivan a trabajar más duro.

- Reflexionar

Reflexionar sobre sus objetivos y logros puede llevarlo a trabajar más duro y ayudarlo a mantener su entusiasmo. Tómese el tiempo para mirar hacia atrás y mostrar su agradecimiento a usted mismo y al trabajo que ha realizado.

4. Empatía

La empatía es un músculo que se puede ejercitar de varias maneras. Muchas personas piensan que la empatía es un rasgo de la personalidad y, por lo tanto, no se puede adquirir o desarrollar. Aunque la empatía es más fácil para algunos, hay una forma de desarrollarla, practicarla y mejorarla. Para aquellos con menos paciencia y habilidades de las personas, este proceso puede ser difícil y puede llevar mucho más tiempo, pero es posible. Tomar nota de las siguientes estrategias puede ayudarlo a mejorar significativamente su nivel de empatía. Practicar tus habilidades de empatía inevitablemente también te ayudará a mejorar tus habilidades sociales.

- Ponte en el lugar de los demás

Cuando alguien viene a usted con una situación o reacciona de cierta manera, trate de considerar de dónde viene. Al igual que usted, las personas a menudo reaccionan por emoción sin tener en cuenta las emociones de los demás. Reconocer y recordar las luchas que enfrentan todos los humanos te ayudará a desarrollar tu empatía.

- Considerar perspectivas alternativas

Trate de aceptar más las perspectivas de los demás, independientemente de si está de acuerdo o no. Practique estar abierto a perspectivas distintas a la suya. Si no está seguro de comprender su perspectiva, haga preguntas en lugar de descartar las opiniones de la otra persona.

- Practica la escucha activa

Escuche a los demás con el objetivo de comprender, en lugar de responder. Comprometerse con ellos y hacer preguntas. Esto demuestra que está interesado en lo que otros tienen que decir. Un sentido de importancia puede ayudar a aumentar la autoestima y la autoconfianza de los demás.

- Considera cómo tus acciones afectan a los demás

Antes de actuar, examine cómo sus acciones y decisiones afectarán a los demás. Si va a lastimar innecesariamente a alguien con la forma en que reacciona, entonces tal vez se merezca una reacción diferente. Es importante aceptar las emociones de los demás y hacer las paces con su personalidad.

- Asumir la responsabilidad de sus acciones

Es importante asumir la responsabilidad de sus acciones. Si ha lastimado a alguien, es importante disculparse directamente con esa persona. Incluso si no eres consciente del dolor que has causado o del error que has cometido, es esencial que reflexiones y trates de comprender cómo y por qué tus acciones afectaron a alguien o algo.

5. Habilidades Sociales

Las habilidades sociales son una característica que sólo se puede practicar interactuando con las personas. Observe la forma en que reacciona ante otras personas y cómo se comunica. Observe también cómo reaccionan los demás ante usted. Esto le dará una idea de por dónde empezar. Hay una serie de estrategias a tener en cuenta en su interacción con las personas. Monitorear estas estrategias y aplicarlas en sus interacciones lo ayudará a mejorar sus habilidades sociales y, por lo tanto, también su inteligencia emocional.

- Sé humilde

Practica la humildad ofreciendo a los demás un lugar para brillar. Brinde a los demás la oportunidad de compartir sus puntos de vista y celebrar sus éxitos sin sentir la necesidad de volver a ser el centro de atención.

- Comunicarse

Es importante ser abierto y honesto. Practique comunicando asertivamente sus deseos y necesidades. No insinúes, sino que declares claramente lo que necesitas o quieres que la otra persona sepa.

- Reconocer los esfuerzos y éxitos de otros

Ayude a otros a ver el valor de lo que hacen sin sentir la necesidad de defender sus propios logros. Motive a otros reconociendo sus esfuerzos y éxitos.

- Tome nota de las señales no verbales

Las señales no verbales incluyen todos los aspectos del lenguaje corporal y las expresiones faciales y pueden ser un indicador útil de cómo se siente la otra persona. Las señales sociales son una parte integral de la interacción social, ya que pueden proporcionar información importante que de otro modo podría haberse perdido. Tómese el tiempo para entender más allá de las palabras.

Conclusión

A lo largo de este libro se ha hecho evidente que la inteligencia emocional es beneficiosa para cada parte de su vida y puede mejorar su calidad de vida significativamente. Espero que ahora comprenda la inmensa importancia de la inteligencia emocional y por qué debería desarrollar o mejorar su inteligencia emocional. Comprender qué son las emociones, de dónde provienen y cómo funcionan es un paso importante antes de intentar comprender o mejorar su inteligencia emocional. Una vez que se comprendan estos tres aspectos, comprenderá mejor cómo funcionan las emociones y por qué son importantes.

La inteligencia emocional, entonces, implica nuestra capacidad de identificar, procesar y gestionar nuestras emociones de manera efectiva. Las personas emocionalmente inteligentes poseen características de autoconciencia, autorregulación, motivación, empatía y habilidades sociales. Estas son las características principales que generalmente están vinculadas con la inteligencia emocional.

Comprender el papel de la inteligencia emocional en los diversos sectores de su vida puede ayudarlo a comprender mejor el alcance de la influencia que la inteligencia emocional puede tener en su vida. El siguiente paso sería implementar estrategias para mejorar su nivel de inteligencia emocional. Una vez que te comprometes a mejorar tu inteligencia emocional, también te comprometes a mejorar tu vida. Al trabajar y mejorar cada una de las cinco características de la inteligencia emocional, podrá crear una vida significativa y equilibrada.

Mientras lee este libro, se le ha informado sobre los diversos aspectos de la inteligencia emocional y su papel en los diversos sectores de su vida. También se le han proporcionado algunas ideas sobre cómo identificar y manejar sus emociones de manera más efectiva. Le he proporcionado signos de baja inteligencia emocional y alta inteligencia emocional para ayudarlo a posicionarse en el espectro. Finalmente, le proporcioné un número significativo de estrategias accionables para mejorar cada una de las características de la inteligencia emocional. Ahora depende de usted tomar medidas.

Recuerde que la inteligencia emocional puede mejorar significativamente sus relaciones, su ética de trabajo y su calidad de vida. Al mejorar su inteligencia emocional, se asegurará de convertirse en un mejor amigo, compañero de trabajo, pareja, líder y padre. Aumentará sus posibilidades de éxito y se asegurará una vida más sana, feliz y equilibrada.

La inteligencia emocional es la clave para mejorar tu vida. Mejorar tu inteligencia emocional te equipará para sobresalir en todos los niveles y en todas las áreas de tu vida. ¿Qué estás esperando?

Secretos de Expertos – Terapia cognitivo-conductual (TCC)

La guía definitiva hecha sencilla para superar el control de la ira, la ansiedad, la depresión, el insomnio, el pensamiento negativo, el pánico, las fobias, el estrés y la preocupación

Terry Lindberg

Introducción

Vivimos en una sociedad plagada de incertidumbre, duda y negatividad, o al menos eso es lo que se nos hace creer. Ya sea que recibas las noticias de tu TV o de Internet, es muy probable que te topes con malas noticias. De hecho, es justo asumir que el 90% de todas las noticias que nos llegan son de naturaleza negativa.

Si no lo supiéramos, parecería que estamos conectados para ver la mitad vacía del vaso. La verdad es que toda esta negatividad no proviene de nosotros mismos, sino de una variedad de circunstancias que lentamente han perforado estos patrones de pensamiento en nuestras mentalidades. La forma en que fuimos criados, todo en los medios de comunicación, nuestras experiencias de vida, y nuestros miedos pueden fácilmente establecerse y formar patrones de pensamiento que no pertenecen a nuestro verdadero ser. Antes de que nos demos cuenta, terminamos usando la ira, la ansiedad, la depresión y el estrés como si fueran nuestras pieles de segunda naturaleza - cuando, de hecho, no son más que máscaras que se nos han impuesto.

¿Y entonces qué? ¿Estamos condenados a pensar así para siempre? ¿Dejar que la depresión, el miedo y la ira se apoderen de nuestros sueños y vidas?

Ciertamente, no: no tienes que dejar que la depresión, el miedo y la ira se apoderen de tus sueños. La terapia cognitivo-conductual (TCC) puede ofrecer una forma de abordar esta negatividad antes de que nos abrume. Es uno de los tratamientos más eficaces para la depresión. Más específicamente, la TCC se enfoca en los patrones de pensamiento negativo que nublan nuestro juicio. Nos enseña cómo detectar y reemplazarlos con patrones de pensamiento positivos. En este libro, te mostraré todas las estrategias de alto nivel que necesitas saber para llegar a la raíz de tu comportamiento, y entender por qué podrías estar pensando y actuando contra tu propia voluntad.

Al final de este libro, espero que haya descubierto que su mentalidad es reprogramable, y que no tiene que permitir que la ansiedad, el estrés y la depresión lo definan a usted o a su futuro. Con la información y las técnicas que le presentaré en este libro, podrá finalmente tomar el control de su comportamiento. Serás capaz de moldear tu mentalidad de la forma en que se pretendía que fuera desde el principio: *sana, positiva y fuerte.*

¿Por qué me creerías?

Soy un autor de autoayuda y terapeuta que ha ganado numerosos premios. He dedicado más de tres décadas de mi vida a innovar en los campos de la psicología y la autoayuda, al tiempo que he tratado de mejorar mi propia vida y la de miles de personas en todo el mundo. He trabajado con los principales directores ejecutivos, expertos en su campo, atletas y personas habituales, y los resultados de nuestra colaboración nunca dejaron de aparecer. Quiero mostrarle a la gente que un poco de entrenamiento de la persona correcta puede ayudarles a superar los problemas de mal comportamiento usando la TCC. Sí, eso te incluye a ti también. Tú también tienes el poder de superar problemas de ira, ansiedad, depresión, insomnio, pensamientos negativos, pánico, fobias, estrés y preocupaciones. El poder de cambiar está dentro de ti.

Una vez que aprendas a usar el poder de la TCC, serás capaz de superar la mayoría de tus dificultades de comportamiento usando este enfoque. Serás capaz de manejar mejor tus problemas, podrás tomar control sobre lo que piensas y lo que haces como resultado, y serás capaz de reformar tu mentalidad y tu vida a la luz de tu verdadero ser.

La gente ha pagado cientos de veces el precio de este libro para aprender las mismas técnicas y asimilar la misma información que compartiré con ustedes a lo largo de esta guía. Te enseñaré a entender la TCC a un nivel avanzado para que puedas cosechar todos los beneficios de este enfoque terapéutico y superar cualquier tipo de problemas emocionales o de comportamiento que puedas tener.

Usando mi experiencia, crecerás para estar equipado con las habilidades y conocimientos más importantes que necesitas para ser capaz de superar la angustia emocional y todos los problemas que la vida te pueda presentar. La terapia cognitiva conductual es una herramienta increíblemente poderosa y te prometo que cambiará tu vida de maneras que ni siquiera esperas.

No puedo prometerte que este cambio ocurra de la noche a la mañana. Tu comportamiento es el resultado de años y años de batallas internas e influencias externas, así que no puedes esperar que toda la negatividad desaparezca con un chasquido de tus dedos. Lo que puedes esperar y lo que puedo prometerte, sin embargo, es que todas las técnicas que presentaré en este libro no sólo son eficientes, sino también fáciles de implementar. No le pediré que mueva montañas, sino que dé pequeños pasos para mejorar. Créame, los mayores cambios ocurren precisamente cuando reconocemos el poder que reside en las acciones pequeñas, consecuentes y regulares.

Mereces amarte a ti mismo y a tu vida. Mereces ser feliz, vivir la vida sin miedo que siempre has imaginado para ti mismo, amar y ser amado, estar en paz contigo mismo y con el lugar de dónde vienes. Para hacer eso, sin embargo, primero tendrás que hacer algo de "trabajo" en ti mismo – y la terapia cognitiva conductual te ayudará con eso.

El momento es ahora. No lo pospongas más. Cada minuto que pasas sin trabajar en tu comportamiento es un minuto de éxito y felicidad que estás desperdiciando. Sí, salir de los patrones familiares de la negatividad puede ser difícil, pero hacer el cambio vale la pena.

Dese un chapuzón y sumérjase en la terapia cognitiva conductual hoy mismo. Te prometo que será una experiencia que te abrirá los ojos y que moldeará tu vida durante años, y te ayudará a construir la persona que siempre has querido ser. Tomarse un poco de tiempo para entender los conceptos y técnicas que puedes usar para manejar tus emociones correctamente usando la TCC es la mejor inversión que puedes hacer en tu futuro.

La terapia cognitiva conductual no es una ciencia de cohetes de ninguna manera. Es fácil de entender y las tácticas y ejercicios que le presentaré en este libro son fáciles de seguir (y también bastante fáciles de cumplir). Lo que necesita hacer es tomar medidas: lea este libro, implemente los consejos que contiene y siga su plan. El cambio positivo pronto florecerá en su mentalidad y se reflejará en su persona de todas las maneras que pueda imaginar.

El momento es ahora. TÚ tienes el poder de moldear tu mente y lograr el amor propio, y la hermosa vida que siempre quisiste.

El futuro comienza aquí. ¡No lo pospongas más!

Capítulo 1: Comprendiendo el TCC

La terapia cognitivo-conductual es un tipo de terapia que se centra tanto en los patrones mentales desafiantes como en los cambiantes que no son saludables, no ayudan o son totalmente perjudiciales para el paciente.

En esencia, la TCC se trata de identificar los patrones de pensamiento negativos que le perjudican e interfieren con sus esfuerzos por ser mejor.

Las creencias centrales

Hay tres creencias principales que apoyan la teoría de la terapia cognitivo-conductual, a saber:

• La mayoría de los problemas psicológicos se basan, al menos parcialmente, en formas de pensar negativas y poco útiles

• La mayoría de los problemas de salud mental se remontan a los patrones aprendidos en tales pensamientos negativos (que se traducen también en comportamientos negativos)

• Las personas que tienen problemas de salud mental pueden aprender mejores formas de manejar estos patrones de comportamiento negativos para ayudar a aliviar los síntomas y ser más eficaces, más exitosos y, en general, más en paz con quienes son.

Estos son, por supuesto, los fundamentos de la terapia cognitivo-conductual; hay mucho más que debería discutirse cuando se trata de este enfoque en la terapia psicológica. Hablaré de las creencias, técnicas y consejos más importantes relacionados con la TCC a lo largo de este libro. Para asegurarnos de llenar este libro con información relevante y no redundante, nos detendremos aquí con la explicación de las creencias básicas de la terapia cognitivo-conductual, y retomaremos la discusión en diferentes puntos del libro de aquí en adelante.

Supuestos disfuncionales

Como su nombre lo indica, las suposiciones disfuncionales son reglas rígidas por las que la gente elige vivir sus vidas. La mayoría de las veces, estas reglas son completamente irreales y pueden dañar la forma en que te ves a ti mismo, a los demás y al mundo en general.

La mayoría de las suposiciones disfuncionales se expresan en forma de "si..., entonces..." y frecuentemente se superponen con falacias como "debería". En otras palabras, es probable que las personas que hacen supuestos disfuncionales crean que ciertas cosas deberían suceder basándose en premisas que son sólo parcialmente verdaderas o completamente falsas.

Por ejemplo, alguien puede creer que "si eres una chica, tienes que llevar vestidos", pero eso no es del todo cierto y parte de la presunción de que todas las chicas tienen que actuar y mirar de cierta manera. Por supuesto, este es un ejemplo pequeño, pero el mismo pensamiento puede ser extrapolado a muchos problemas de salud mental.

Hay un par de temas comunes que se ven recurrentemente en las personas que hacen suposiciones disfuncionales, tales como:

- Logro
- Aceptación
- Control

Las suposiciones disfuncionales pueden arruinar por completo la forma en que vemos la vida y el mundo, y pueden impedir que alcancemos realmente nuestros objetivos. Cuando tu pensamiento se adentra en los extremos y cuando no puedes encontrar los tonos "grises" en todo, es difícil establecer un objetivo que sea realista y alcanzable - y es aún más difícil seguir adelante con tu plan.

En la terapia cognitiva conductual, las suposiciones disfuncionales se abordan con un patrón de flechas hacia abajo. Para ser más específico, el terapeuta ayudará al paciente a estrechar la raíz de su proceso de pensamiento haciéndole preguntas hasta que encuentre la "línea de fondo", que es el punto en el que el paciente ya no puede ofrecer argumentos para su pensamiento.

Una vez que se han identificado pensamientos disfuncionales como estos, el paciente seguirá un proceso de comprensión, evaluando la irracionalidad de sus patrones de pensamiento, comprobando su disfunción, desarrollando una reformulación, y luego implementando un plan de acción.

Hay muchos tipos de suposiciones disfuncionales, pero lo que las une a todas ellas es el hecho de que pueden afectar gravemente a la forma en que vivimos nuestras vidas. En muchos sentidos, estas suposiciones son como un "filtro" que aplicamos, sobre todo. Nunca nos permiten ver las cosas por lo que realmente son, ni nos permiten hacer las cosas como queremos hacerlas.

Puedes trabajar en tus suposiciones disfuncionales por tu cuenta, siempre y cuando sepas que puedes ser despiadadamente honesto contigo mismo. Sin embargo, la ayuda de un terapeuta profesional siempre será más que bienvenida, ya que te ayudará a llegar a la raíz de tus problemas y a reformarlos.

Pensamientos Automáticos Negativos (PAN)

Aparte de las creencias centrales y las suposiciones disfuncionales, una gran parte de la teoría de la terapia cognitivo-conductual se basa en un concepto llamado "pensamientos automáticos negativos" (también conocido como PAN).

Estos pensamientos son una forma de pensamiento disfuncional que los terapeutas de TCC tratan con frecuencia, y se asocian más comúnmente con la ansiedad social. Sin embargo, no siempre es así, por lo que puede haber personas sin ansiedad social o con baja ansiedad social que aún recurren al uso de pensamientos automáticos negativos de manera recurrente.

Los pensamientos automáticos negativos se dirigen muy a menudo a la persona que los tiene y pueden afectar su autoconfianza hasta el punto de que no logran alcanzar la mayoría de los objetivos que se proponen.

Por ejemplo, si piensas "soy estúpido" o "nunca voy a superar esto", influirá en la forma en que entregues lo que te propones hacer (por ejemplo, una presentación en el trabajo). También afectará a la forma en que actúas con las personas. Te expondrás al fracaso pensando que no eres lo suficientemente bueno o que la gente pensará que no eres lo suficientemente bueno. De hecho, la gente sólo ve lo que proyectas al mundo. Cuando un pensamiento automático negativo se ha apoderado de este proceso, pueden ver una falta de confianza en sí mismos y torpeza, pero nunca lo que tú asumes que ven.

Los objetivos de la TCC

Es importante que reconozcas que la terapia cognitiva conductual no es ningún tipo de truco de magia. Nada lo es. Ningún tipo de terapia o enfoque terapéutico puede hacerte "bueno" de la noche a la mañana - y, sin duda, nada puede hacerte "bueno" si no pones un poco de esfuerzo en ello.

El objetivo principal de la TCC es ayudarte a tomar conciencia de los patrones de pensamiento negativos: cómo se formaron, cómo puedes reemplazarlos por otros positivos y cómo puedes evitar que vuelvan a entrar en tu vida.

Los estudios demuestran que la terapia cognitivo-conductual es más eficaz que otros enfoques en una gama bastante amplia de problemas de salud mental, incluidos (pero no limitados a) los trastornos de personalidad, la ansiedad, la depresión, la bulimia y la adicción (Hofmann et al., 2012). Puede que no muestre el mismo nivel de eficacia en todas las situaciones, pero sin duda funciona en la gran mayoría de los casos.

La TCC no tiene como objetivo hacerte sentir mejor por arte de magia. Su objetivo es ayudarte a encontrar las herramientas que necesitas para mejorar, que es precisamente por lo que es un método tan efectivo. En este enfoque, la curación viene desde el interior y utiliza tus propias "herramientas" naturales contra la toxicidad que se ha ido acumulando en tu mente.

Técnicas y métodos utilizados

El núcleo del conjunto de técnicas y métodos utilizados en la TCC se basa en el seguimiento de supuestos/pensamientos disfuncionales mediante el uso de un formulario. A veces denominado "hoja de trabajo", este formulario le pedirá que rellene los momentos, emociones y pensamientos asociados a esos sucesos. El propósito de esta hoja de trabajo es permitirte rastrear tus pensamientos negativos y ayudarte a remodelarlos en algo positivo.

Otros métodos y técnicas utilizados en la terapia cognitivo-conductual para ayudar a los pacientes a encontrar la raíz de sus problemas y abordarla de manera saludable y efectiva incluyen:

- Diario basado en la información
- Discusiones con un terapeuta
- Exposición gradual (realizada con un terapeuta)
- Programación de actividades
- Aproximación sucesiva
- Jugando el "escenario" hasta el final

En definitiva, la TCC es un enfoque terapéutico que se centra en cambiar tus patrones de pensamiento y ayudarte a redirigir tu energía y tus recursos personales para construir una mejor versión de ti mismo. A diferencia de otros enfoques terapéuticos, la terapia cognitivo-conductual te coloca a ti y a la forma en que trabajas con tu propia persona en el centro de todo el proceso, dándote la libertad de remodelarte a ti mismo como realmente quieres. La razón por la que tantos terapeutas y pacientes se inclinan por la TCC (al menos parcialmente) está relacionada con la atención especial que se presta a cada persona y a lo que sucede en su interior, en lugar de simplemente inocular ideas y conductas desde el exterior.

Capítulo 2: Entender e Identificar Los Problemas Que Surgen En La Vida Cotidiana

La terapia cognitivo-conductual se utiliza en una amplia gama de situaciones para tratar muchos tipos de problemas de salud mental. Dado que una de las creencias centrales de la TCC consiste en la idea de que la mayoría de los problemas de salud mental se derivan de patrones de pensamiento que provienen del "interior" del paciente, es fácil ver cómo este enfoque terapéutico puede adaptarse para satisfacer una gran variedad de necesidades.

Por ejemplo, así es como la TCC ayudará en las siguientes situaciones:

• **Control de la ira**. Dado que los problemas de manejo de la ira suelen estar relacionados con una frustración más o menos consciente del paciente, la TCC puede ayudarles a definir ese problema y a eliminarlo para remodelar su comportamiento según las "reglas" del manejo de la ira.

• **Ansiedad**. Aunque el miedo es completamente normal, la ansiedad lo lleva al siguiente nivel al "congelar" casi literalmente la vida de una persona. La mayoría de las veces, la ansiedad está relacionada con las partes menos conscientes de nuestro cerebro y cómo nos percibimos a nosotros mismos y al mundo. Como tal, la terapia cognitiva conductual puede ayudar a los pacientes dirigiéndolos a la verdadera raíz de su miedo y ayudándolos a lidiar con él de manera directa y personal.

• **Depresión**. No sabemos exactamente por qué existe la depresión o incluso cómo se arrastra a nuestra vida. Una cosa es segura: La TCC puede ayudar a los pacientes a determinar la causa de su profunda tristeza y desesperación y redirigir sus pensamientos por un camino más positivo. Esto les ayuda a manejar la depresión de una manera sana y constructiva.

• **Insomnio**. El insomnio a menudo tiene una raíz muy mental, pero los pacientes no son totalmente conscientes de lo que puede ser. En tales situaciones, la terapia cognitiva-conductual puede ayudarles a determinar cuál es la fuente real de su insomnio, así como a abordarlo en consecuencia.

• **Pensamiento negativo**. Contrariamente a la creencia popular, la gente que ve el vaso medio vacío no es necesariamente más realista. Al contrario, en realidad: viven bajo reglas extremas y pensamiento extremista y esto tiende a nublar su juicio, no permitiéndoles ver, ponderar y tratar las situaciones de la vida en su valor real. La TCC puede ayudar a estos pacientes a reconfigurar sus patrones de pensamiento para que estén más en sintonía con la realidad y sean más positivos en general.

• **Trastorno obsesivo-compulsivo**. El TOC, como se le llama muy a menudo, es un miedo profundo al desorden y al caos. La mayoría de las veces, es sólo un mecanismo por el cual el cerebro trata de poner en orden su vida de una manera extrema, en lugar de una manera equilibrada. La TCC puede ayudar a los pacientes con TOC a encontrar la fuente de su pensamiento y, eventualmente, encontrar el equilibrio que tanto necesitan.

• **Ataques de pánico.** Al igual que la ansiedad, los ataques de pánico se sienten como si aparecieran de la nada, pero lo que la mayoría de las personas no saben es que hay una causa fundamental para casi todos los problemas de salud mental, incluyendo los ataques de pánico. La terapia cognitiva conductual ayuda a estos pacientes a encontrar sus respuestas y a reorganizar su pensamiento para superar los ataques de pánico de una manera más saludable y eficaz.

• **Fobias**. Irracionales hasta la médula, las fobias son un tipo de miedo extremo dirigido a desencadenantes muy específicos. En estas situaciones, la TCC puede ayudar a los pacientes a reprogramar la forma en que piensan y sienten sobre la fuente de sus miedos. Esto suele ser realizado por un terapeuta que gradualmente expone al paciente a la fuente de su miedo para mostrarle que no hay nada que temer realmente.

• **Estrés y preocupación**. Aunque no se reconoce como un problema de salud mental en sí mismo, el estrés y las preocupaciones pueden tener un tremendo impacto en la salud mental y física de una persona. La terapia cognitiva conductual puede ayudar a las personas a construir mecanismos de afrontamiento en los que pueden confiar cuando el estrés de sus vidas se convierte en demasiado para manejarlo, permitiéndoles controlar estas situaciones tanto como sea posible.

Todo el mundo tiene problemas. Nuestra vida diaria está llena de escalones y baches en el camino, como momentos traumáticos o tristes y situaciones o emociones negativas. La clave no está en evitar estas situaciones por completo, porque nadie puede hacerlo, sino en aprender a manejarlas y a afrontarlas cuando se presentan.

Aquí es precisamente donde la terapia cognitivo-conductual se vuelve útil. Al ayudar a las personas a profundizar en sus patrones de pensamiento, la TCC les proporciona las armas que necesitan para combatir los problemas cuando aparecen.

Capítulo 3: Recupere su vida: Técnicas de TCC Aprobadas

En todo caso, la terapia cognitivo-conductual enseña cómo recuperar la vida de los patrones de pensamiento negativos que la han tenido secuestrada. Como ya hemos discutido, la TCC se puede usar para tratar problemas de salud mental, pero también se puede usar cuando quieres establecer objetivos y lograrlos realmente.

Hay tres etapas principales para tener éxito usando el enfoque de la TCC:

1. **Establecer un objetivo**. Asegúrate de que sea alcanzable, realista y muy específico. Por ejemplo, si quieres perder peso, no te límites a hacer de la "pérdida de peso" tu objetivo. Sea específico al respecto ("Quiero perder X cantidad de libras"), asegúrese de que puede medirlo ("en un número X de meses"), y asegúrese de que es realista (es decir, no se fije una meta para perder, digamos, 50 libras en un mes).

2. **Evalúe su objetivo.** Esto significa que debes tomarte el tiempo para aprender dónde estás ahora mismo y dónde quieres estar. Además, también debe analizar los pasos específicos que quiere dar en la dirección de su meta. Por ejemplo, si volvemos al ejemplo de pérdida de peso anterior, debe pesarse ahora, analizar su estilo de vida y sus hábitos en este momento, e idear un plan realista sobre cómo puede cambiar las cosas que le impiden perder peso.

3. **Lidiar con sus pensamientos pesimistas.** Aquí es exactamente donde la terapia cognitiva conductual puede ayudarle. La mejor manera de lidiar con sus pensamientos negativos es creando una hoja de trabajo en la que anote las experiencias negativas, las emociones que sintió cuando las vivió, así como los pensamientos que asoció con esos momentos. Si haces esto el tiempo suficiente, empezarás a ver algunos patrones de pensamiento

negativo. Incluso más que eso, empezarás a conocerlos realmente y a saber de dónde vienen. Como tal, encontrarás mucho más fácil eliminar estos patrones de pensamiento y reemplazarlos por otros positivos que se centren en tu éxito, en lugar de tu fracaso.

Definitivamente tienes el poder de recuperar tu vida y darle la forma que quieras. No sucede rápido, como muchos prometerían, y ciertamente requiere una buena cantidad de esfuerzo por tu parte. Sin embargo, la terapia cognitivo-conductual puede ser tu apoyo en este viaje, y puede ayudarte a esculpir una vida que realmente se ajuste a tus metas, sueños y visión de un "futuro feliz".

Capítulo 4: Recreando una nueva actitud

Parte de la construcción de una nueva vida es saber cómo reconfigurar no sólo tus pensamientos conscientes, sino también tu actitud real hacia ti mismo.

¿Cómo se hace eso? ¿Cómo reconfigurar una nueva actitud para ayudarte a tener éxito?

Aquí hay algunos consejos básicos para tener en cuenta:

Practica la gratitud

Sentirse frustrado y enviar vibraciones negativas puede parecer un círculo del que no se puede escapar, pero la verdad es que la gratitud puede ser la puerta que hay que abrir si se quieren más cosas buenas en la vida.

Cuando estás agradecido por lo que tienes, es cada vez más fácil atraer la positividad del universo. La gratitud nos enseña que la verdadera felicidad y el desprecio no vienen de las metas de largo alcance que nos proponemos, sino del momento presente y de las cosas que ya tenemos. Cuando se parte de un punto de gratitud, es mucho más probable que se tenga éxito en todo lo que se proponga, precisamente porque se parte de un punto en el que ya se están atrayendo buenas vibraciones.

Escribir las cosas

La escritura es, quizás, uno de los más grandes inventos de la humanidad. La "carta escrita" no sólo nos permitió transmitir el conocimiento a las generaciones futuras, sino que también nos ayudó a transmitir la emoción y el conocimiento a nuestros propios y futuros seres.

Escribir sobre lo que se agradece puede tener un tremendo impacto en el cerebro y en la mentalidad. El simple hecho de poner tus pensamientos en el papel te hará sentir aún más agradecido por las cosas que tienes, y aún más esperanzado por las cosas que estás trabajando.

Conviértete en un héroe positivo

Los héroes positivos no sólo son positivos sobre sí mismos, sino que también difunden su positividad en el mundo. Minuto a minuto, semana a semana, y año a año, estas personas cambian el mundo de tantas maneras que merecen una estatua.

Conviértase en una de estas personas. Conviértase en un pensador positivo que permita que las buenas energías del universo le envuelvan a usted y a los que le rodean.

Algunas de las principales formas de convertirse en un pensador positivo incluyen las siguientes:

• Rodéate de gente positiva

• Intenta constantemente alimentar tu positividad a través de la meditación y la atención

• Siempre trata de ayudar a los demás

• Siempre trata de ver el lado completo del vidrio

• Ejercicio (puede impactar positivamente en su mentalidad)

• Intenta encontrar consuelo en la espiritualidad

Por supuesto, porque cada persona es diferente, su positividad podría provenir de un lugar completamente diferente a todo lo mencionado anteriormente. La clave es encontrar esas cosas que alimentan lo bueno en ti y trabajar en ellas.

Tratamientos de TCC

La terapia cognitiva conductual positiva es una rama de la TCC que se centra en ayudar a las personas a encontrar la voz interior positiva. En general, la TCC se centra en la resolución de problemas, mientras que la TCC positiva se centra en la construcción de emociones positivas.

Estas emociones están destinadas a convertirse en la pieza central del rompecabezas de la vida de uno, en el hogar o en el trabajo, permitiéndoles tener más confianza en sí mismos y ser más autosuficientes.

Aunque la TCC en general trata de la demolición de los patrones de pensamiento negativos, la terapia cognitiva conductual positiva se centra en reconfigurar el cerebro para que piense de manera que permita a las personas ver la mejor parte de todo.

Uno de los ejercicios más recomendados en la TCC positiva es animar al paciente a repensar su posición sobre ciertos eventos. Se les pide que reconsideren los eventos desde un punto de vista emocional y de acción. Por ejemplo, si se siente abrumado con las tareas del trabajo y siente que detesta la idea, se le animará a que cambie su forma de pensar para, en su lugar, agradecer que su trabajo le dé la oportunidad de mejorar su vida.

El pensamiento positivo requiere mucha más práctica de lo que mucha gente cree, pero puede cambiar totalmente no sólo tu perspectiva de la vida, sino también la forma en que vives tu vida y cómo logras tus objetivos.

Capítulo 5: Reconocer y modificar sus sistemas de creencias

Seré completamente honesto con usted: cambiar todo su sistema de creencias a veces puede parecer una verdadera lucha. Sin embargo, vale la pena el esfuerzo porque hacer esto puede cambiar tu vida dramáticamente.

Hay algunos pasos que debes tomar para reconocer y modificar tu sistema de creencias:

1. **Identificar si tu mentalidad es estable**. Algunas personas tienen la misma mentalidad a lo largo de toda su vida, independientemente de cómo pueda cambiar su estado de ánimo. Otras personas cambiarán su mentalidad de acuerdo a su estado de ánimo. Por ejemplo, alguien que está deprimido puede experimentar momentos en los que sólo puede ver el vaso medio vacío, pero también puede experimentar momentos de "normalidad" en los que puede ver las cosas con mayor claridad.

2. **Empieza a enfatizar los pensamientos positivos que tienes sobre ti mismo.** Mira, todos tenemos ideas negativas y pensamientos negativos sobre nosotros mismos, otras personas y nuestro entorno. Sin embargo, si te sigues centrando en las cosas buenas, tienes muchas más probabilidades de tener éxito construyendo tu autoconfianza y tu capacidad para superar los baches en tu camino hacia el éxito.

3. **Trabaje en un diario de pensamiento positivo**. Como decía antes, escribir tus pensamientos puede tener un efecto tremendo en tu salud mental, así que intenta hacerlo lo más a menudo posible. Si está trabajando en cambiar su forma de pensar, le sugiero que cree un diario de pensamientos positivos y que se comprometa a escribirlo regularmente. Puede que no pienses en esto ahora, pero cada día trae algo positivo con él; un diario de

pensamientos positivos puede ayudarte a ser más consciente de esto.

4. Reevalúese después de unos meses de hacer todo lo anterior. ¿Cómo se siente ahora? ¿Se está acercando a sus objetivos? ¿No se siente mejor en general?

5. Habla con un compañero de responsabilidad. Hacerte responsable delante de otra persona te hará más probable que te atengas a tu plan. Puedes hacerlo en línea o en persona. Lo esencial es asegurarse de que compartes tu viaje con alguien de una manera realmente cruda y honesta.

6. Intenta descubrir de dónde vinieron los viejos pensamientos negativos. La terapia cognitiva conductual puede ayudar aquí precisamente porque le ofrecerá herramientas poderosas para buscar las respuestas que está buscando. La sencilla hoja de trabajo que todos los terapeutas de TCC sugieren puede ser una experiencia real que cambie tu vida porque te ayudará a determinar tus patrones de pensamiento negativo. Como tal, también te facilitará evitar caer en su trampa de nuevo.

7. Ten cuidado cuando caigas en una espiral de autoconversación negativa. Puede sucederles incluso a las personas más positivas del mundo, así que no te preocupes si llegas allí. Es normal recaer y es completamente normal sentirse deprimido a veces. Lo importante, sin embargo, es asegurarse de que te mantienes bajo control cuando estas tendencias negativas se manifiestan y no permitir que se apoderen de ti y de tus acciones.

8. Evalúe cuánto acepta los pensamientos y creencias negativas. Un poco de negatividad y realismo es bueno en nuestra vida. Nos hace más prácticos y más humanos. Sin embargo, es importante que entiendas cuáles son tus límites y dónde quieres trazar la línea cuando se trata de

los diferentes patrones de pensamiento negativo que
podrían "atormentar" tu mentalidad.

El pensamiento positivo no ocurre de la noche a la mañana y
normalmente no dura para siempre. No puedes "hacerlo una vez" y
luego "tenerlo" por el resto de tu vida. Es una batalla continua
contra tu educación, experiencia y las tendencias naturales de tu
cerebro. Y aun así, no importa cuán difícil parezca esta batalla al
principio, pronto se convertirá en tu segunda naturaleza. Si trabajas
lo suficientemente duro en esto, pronto serás capaz de controlar tus
patrones de pensamiento negativos y reemplazarlos
consistentemente con una verdadera positividad.

Capítulo 6: Enfrentando la ansiedad y la preocupación

El miedo es una reacción absolutamente natural. Si retrocedemos en el tiempo hasta los comienzos de la especie humana, nos daremos cuenta de que el miedo no sólo nos ayudó a sobrevivir, sino también a evolucionar.

Sin embargo, demasiado de cualquier cosa puede ser dañino, y el miedo no hace ninguna excepción. En muchos sentidos, la ansiedad puede definirse como un tipo de miedo que se lleva al extremo. En el peor de los casos, el miedo puede adormecerte y puede impedirte alcanzar tus objetivos.

La respuesta de lucha o huida en nuestros cuerpos es normal. Existe porque nos ayuda a determinar si una situación es peligrosa para nosotros y actuar en consecuencia. Numerosos elementos entran en juego cuando se activa esta respuesta: nuestro sistema nervioso, nuestros latidos y nuestros sentidos se unen para protegernos del peligro.

La ansiedad se desarrolla cuando nuestras mentes y nuestros cuerpos no pueden percibir el peligro correctamente. Las cosas más pequeñas pueden convertirse en una amenaza para la vida a nuestros ojos cuando la ansiedad se apodera de ellas – y esto es específicamente por qué este tema de salud mental puede ser tan problemático.

La resolución estructurada de problemas es uno de los enfoques más saludables que podemos tomar cuando nos sentimos ansiosos. Al dividir la fuente de tu miedo en problemas que se pueden resolver, tu cerebro tiene más probabilidades de manejar mejor las respuestas de ansiedad.

Además de la resolución estructurada de problemas, también puede practicar ejercicios que le ayuden a controlar su ansiedad. Algunos de los más populares son los siguientes:

- **Limitar el consumo de tecnología y herramientas de mensajería**. Puede que no te des cuenta de esto, pero la tecnología puede hacernos terriblemente ansiosos. Por ejemplo, en un estudio realizado en 2018 se demostró que el uso de los medios sociales puede aumentar los sentimientos de ansiedad y depresión en los pacientes (Shensa et al., 2018). Cuanto más se eviten estas fuentes de ansiedad, mejor será la situación.

• **Meditación.** Como una de las prácticas de atención y conciencia más extendidas, la meditación puede aliviar los síntomas de la ansiedad. En un estudio dirigido por Harvard, se demostró que aquellos que practican la meditación encuentran más fácil tratar el estrés y la ansiedad precisamente porque la meditación les ayuda a encontrar un centro de equilibrio en sus vidas (Corliss, 2014).

• **Aromaterapia**. Frecuentemente combinada con la meditación, la aromaterapia puede calmar los sentidos y ayudar a aliviar los síntomas de la ansiedad. Algunos de los aceites esenciales que se pueden probar para tratar la ansiedad son la valeriana, la manzanilla, la lavanda, la albahaca dulce y el jazmín.

• **Tomar baños o duchas calientes (acuoterapia).** El agua tiene algo intrínsecamente calmante, por lo que siempre tendemos a querer un baño caliente cuando nos sentimos abrumados por los problemas diarios. Los baños calientes pueden ayudar a que los síntomas de ansiedad sean menos severos para el cuerpo y la mente. Mímese de vez en cuando y sumérjase en la bañera bajo una gruesa capa de burbujas, aceites y sales. Puede ayudar.

• **Ejercicio.** Puede que hayas escuchado esto miles de veces antes, pero si hay una razón por la que todo el mundo te dice que hagas ejercicio es esta: funciona. El ejercicio puede cambiar tu forma de pensar. Puede ayudarte a estar más saludable no sólo físicamente, sino también mentalmente. En cuanto a la ansiedad, el ejercicio puede ayudar a tu cuerpo a liberar las hormonas que se ocupan del estrés y la ansiedad y a mantener sus síntomas bajo control. ¡Haz ejercicio con regularidad y verás los efectos!

- **No lo pospongas.** Puede parecer la opción más fácil de ver otro episodio de su programa favorito en Netflix, pero la verdad es que esto puede hacer que al final se sienta aún más ansioso. El manejo del tiempo es extremadamente importante cuando se trata del estrés y la ansiedad, así que trata de eliminar todas las postergaciones de tu vida. Te lo agradecerás a ti mismo.
- **CBT**. _La terapia cognitiva conductual_ también puede ayudarte a llegar a la raíz de tu ansiedad. Muy frecuentemente, nuestra ansiedad está enraizada en problemas de los que ni siquiera somos conscientes, y un terapeuta de TCC puede ayudarte a encontrar estos problemas, así como a resolverlos.

Vivir con ansiedad puede sentirse como una guerra continua contra tus propios pensamientos, pero no tienes que pasar por todo esto solo. Millones de personas ahí fuera sufren los mismos síntomas que tú, y muchos de ellos han aprendido a lidiar con estos síntomas.

¡Tú también puedes hacerlo!

Capítulo 7: Enfrentando la negatividad en tu vida

Nos guste o no, no podemos vivir en una burbuja de positividad. Aunque rodearse de personas y pensamientos positivos es esencial cuando se quiere tener éxito, es crucial que se reconozca que la negatividad existe. No puedes desterrarla por completo de tu vida porque algunas cosas malas están destinadas a suceder. Lo que debes hacer, sin embargo, es tratar de encontrar maneras de lidiar con esta negatividad.

¿Qué es exactamente la negatividad?

Bueno, no podemos darte una definición de ella. Todo el mundo es diferente y, como tal, todo el mundo percibirá la negatividad de manera diferente. Lo importante es que aprendas lo que te hace sentir mal:

• Las cosas, personas o sucesos que te hacen hablar mal de ti mismo

• Cosas, personas o sucesos que arruinan tus esperanzas

• Las cosas, personas o sucesos que le impiden trabajar para mejorar su vida y la suya propia

La negatividad externa no puede ser controlada. No se puede controlar completamente cómo se comportan los demás, pero sí se puede controlar cómo se siente al entrar en contacto con estas personas o situaciones.

Por otro lado, saber de dónde vienen tus propios pensamientos negativos es importante porque te permitirá evitarlos y cambiar tu forma de pensar en la dirección opuesta. Algunos pensamientos negativos provienen de un trauma, dolor o una inclinación general a ver el vaso medio vacío. Otros vienen de la forma en que fuiste criado. De donde sea que vengan tus pensamientos negativos, asegúrate de saber cómo detectarlos y "matarlos" antes de que se desborden.

El efecto de tener pensamientos negativos es más que una visión generalmente oscura de la vida. La negatividad puede afectar a tu salud real a nivel físico y mental. Puede arruinarte por dentro y por fuera. Puede robar tus sueños y puede hacerte la sombra de lo que una vez fuiste.

No dejes que este tipo de toxicidad se arrastre a tu vida. ¡Aprende a manejarla ahora antes de que sea demasiado tarde! La terapia cognitiva conductual puede ser una excelente ayuda en esto precisamente porque pone la batalla entre los pensamientos negativos y positivos en el centro de su teoría.

La hoja de trabajo, saber cómo manejar cada falacia lógica y patrón de pensamiento negativo, y los ejercicios específicos aplicados en cada una de estas situaciones pueden cambiar su vida, y no hay duda de ello.

La TCC hará más que ayudarte a deshacerte de los pensamientos negativos. También te ayudará a mantenerte alejado de ellos. Y, eventualmente, te ayudará a reemplazarlos por otros positivos.

Capítulo 8: El surgimiento de la Terapia Dialéctico-Conductual (TDC)

La terapia de comportamiento dialéctico (TDC) es una rama de la TCC que se centra en las emociones y pensamientos diarios. La mayoría de las veces, no somos conscientes de lo dañinos que pueden ser los pensamientos de cada día y del enorme impacto que pueden tener en nuestras vidas. Aquí es precisamente donde la TDC entra en juego para ayudarte.

Todas las terapias cognitivo-conductuales tienen como objetivo mostrarte cómo tu propio pensamiento se materializa en tu comportamiento. Sin embargo, la TCC tiende a ser más común en el tratamiento de ciertos problemas de salud mental, mientras que la TDC puede ser practicada por alguien que simplemente quiere controlar mejor sus patrones de pensamiento y su camino hacia el éxito.

La terapia dialéctica conductual nació en la década de 1980 y su propósito inicial era tratar el trastorno límite de la personalidad. Con el tiempo, sin embargo, se convirtió en una práctica que se centra en enseñar a los pacientes a vivir el momento y a ser felices con él también.

Hay cuatro principios fundamentales que se utilizan en la terapia de comportamiento dialéctico. Estos "módulos", como los llaman los especialistas, están representados por conjuntos de habilidades a seguir por aquellos que quieren aprender a vivir responsablemente el momento:

- **Concienciación básica**. Este es un conjunto de habilidades que el paciente debe trabajar porque le ayudará a aprender a lidiar con el momento presente con un enfoque calmado y equilibrado.

• **Tolerancia a la angustia.** Este es un conjunto de habilidades utilizadas por las personas cuando se enfrentan a momentos estresantes en sus vidas. A diferencia de la atención diaria, este tipo de tolerancia le permitirá lidiar con las cosas malas que suceden en su vida.

• **Habilidades interpersonales**. Este conjunto de habilidades se centra en enseñar a los pacientes cómo descubrir y revelar sus necesidades a partir de las relaciones que tienen con otras personas.

• **Habilidades de regulación de emociones**. Este conjunto de habilidades trabaja con herramientas que ayudan a los pacientes a manejar mejor sus emociones, tanto a diario como en circunstancias especiales.

En esencia, la terapia de comportamiento dialéctico no es muy diferente de la terapia cognitiva-comportamental "clásica". Sin embargo, tiende a ser más común para ciertos tipos de pacientes (como los que tienen trastornos de personalidad, por ejemplo).

Capítulo 9: Comprensión del Trastorno Limítrofe de la personalidad (BPD)

El trastorno límite de la personalidad (BPD) es un problema de salud mental caracterizado por una imagen muy pobre de sí mismo y relaciones defectuosas con los que le rodean. Muy frecuentemente, las personas que sufren de BPD tienen una serie de relaciones fallidas detrás de ellos debido a su comportamiento errático y abiertamente auto dañino.

El trastorno de personalidad límite no debe confundirse con la depresión bipolar. Si esta última es una cuestión de ciclos, la primera está más a menudo relacionada con los estados de ánimo y con breves ráfagas de negatividad, auto daño y agresividad.

Los principales síntomas del BPD incluyen:

- **Imagen negativa de sí mismo**. Esto es más que una falta de confianza en sí mismo y está frecuentemente conectado con problemas como la dismorfia corporal y verse a sí mismo mucho peor de lo que muestra el espejo.

- **Inseguridad emocional**. Las emociones inestables también están muy extendidas entre las personas que sufren de un trastorno límite de la personalidad. Estos pacientes pueden pasar fácilmente de un buen humor a uno desastroso. Esto puede suceder de una manera tan recurrente que eventualmente afectará todas sus relaciones.

- **Tomando riesgos**. El comportamiento arriesgado es muy frecuentemente exhibido por las personas con BPD. Pueden participar en drogas, alcohol o sexo sin protección, así como en una amplia gama de otras experiencias y comportamientos potencialmente dañinos.

- **Trastornos de la alimentación**. Los atracones, la bulimia y la anorexia tienden a ser comunes en los pacientes con BPD.

Al igual que la depresión y la ansiedad, se desconoce la causa específica del trastorno límite de la personalidad. Por lo que sabemos, podría estar conectado a problemas completamente diferentes en los adultos. Algunas de las causas más comunes que podrían llevar al desarrollo de este trastorno de la personalidad:

• **Experiencias traumáticas y negativas**. Sea lo que sea que te haya pasado, debes saber que está bien ser humano y derramar una o dos lágrimas. Es perfectamente natural que no te sientas bien después de una experiencia traumática. Lo que es importante, sin embargo, es no permitir que esta mentalidad se apodere de tu vida.

• **Química cerebral**. Se ha demostrado que el córtex prefrontal de las personas que sufren de BPD no está tan desarrollado (Clínica Mayo, n.d.). Esto significa que su cerebro frecuentemente no es capaz de manejar la amígdala, que es de donde puede provenir el comportamiento impulsivo.

• **Historia familiar**. Esto puede parecer sorprendente, pero la historia familiar puede jugar un papel importante en el desarrollo o no del BPD. Los estudios no son totalmente claros o concluyentes sobre esto, pero hay un consenso universal entre los investigadores de que los trastornos limítrofes de la personalidad pueden ser al menos parcialmente hereditarios.

Las personas que sufren de BPD suelen ser desencadenadas por ciertos elementos. Algunos de los desencadenantes de personalidad límite más comunes incluyen los siguientes:

• **Desencadenantes de relaciones**. Por ejemplo, si alguien con BPD es rechazado, puede comenzar a mostrar un comportamiento autodestructivo y agresivo.

• **Desencadenantes cognitivos**. Estos desencadenantes suelen estar muy bien escondidos en las partes subconscientes de nuestro cerebro. A veces, alguien con

BPD puede parecer desencadenado por elementos inesperados. De hecho, sin embargo, sus desencadenantes son de naturaleza cognitiva, y puede que no sean conscientes de los desencadenantes en absoluto. Estos tipos de desencadenantes son más frecuentes en los pacientes con BPD que han sufrido abusos en la infancia o eventos traumáticos.

En general, el manejo de los factores desencadenantes en el caso de los pacientes con BPD se realiza mediante:

• Saber cuáles son los desencadenantes

• Aprender a hacer frente a estos desencadenantes, ya sea eliminándolos por completo (menos probable) o elaborando un plan de acción que le ayude a controlar la ira y la impulsividad incluso cuando sea "atacado" por sus desencadenantes.

La terapia cognitiva conductual también puede ayudar porque le enviará a la raíz de sus problemas y le permitirá lidiar con ellos. Como se mencionó en el capítulo anterior, la terapia de comportamiento dialéctico fue creada específicamente para tratar a las personas que sufren de BPD. La razón principal por la que la DBT funciona mejor en estas situaciones es que entrena a los pacientes para estar más presentes en el momento, lo que ayuda a mejorar su capacidad para manejar sus emociones e impulsos.

El trastorno límite de la personalidad no tiene que ser una sentencia de por vida. Como la mayoría de los otros problemas de salud mental, puede ser manejado y enfrentado. Puede que se necesite trabajo y devoción para que funcione, pero también puede ser una experiencia que cambie completamente la vida.

Capítulo 10: Practica la conciencia Positiva

La atención nos enseña a estar presentes en el momento y a manejar no sólo nuestros pensamientos y emociones, sino también las acciones que resultan de ellos. Hay tres ingredientes principales de la consciencia que uno debe conocer:

- Observación
- Descripción
- Participación

Estos ingredientes no se aplican a todos los tipos de meditación, pero establecen las reglas básicas para la mayoría de las formas de atención. Si quieres empezar a practicar los ejercicios de mindfulness, también debes saber que:

- Puede parecer fácil, pero no es tan fácil
- Tienes que asegurarte de que nadie te moleste mientras lo haces
- Puedes acompañarlo con música o sonidos relajantes
- No tienes que quedarte atascado en un tipo de meditación si no te gusta. Hay muchas otras opciones ahí fuera.

¿Cuáles son las principales técnicas y ejercicios que se centran en traer la atención? Bueno, hay bastantes, pero aquí sólo enumeraremos las siguientes:

- **Meditación (en todas sus formas)**
- **Meditación guiada a través de la grabación de audio**
- **El ejercicio de las pasas**. Coma una pasa recogiéndola, oliéndola y experimentando su sabor de una manera muy lenta, como para saborear cada microsegundo de su pequeño bocadillo.
- **Escuchar atentamente.** No tienes que escuchar una grabación de meditación guiada. Puedes escuchar a alguien leyendo, puedes escuchar a alguien cantando sólo para ti, o puedes simplemente escuchar sonidos relajantes.
- **El ejercicio de los cinco sentidos**. Similar al ejercicio de las pasas, el ejercicio de los cinco sentidos te anima a sentir el momento a través de todos tus sentidos: vista, sonido, olfato, tacto y gusto.

- **La técnica de respiración de tres minutos.** A veces, todo lo que necesitamos para recuperar el control del momento presente es simplemente inspirar y espirar tan profundamente como podamos.

- **Comida consciente.** No es un ejercicio en sí mismo, sino una forma de comer que se centra en el sabor, el color, el olor de lo que está en tu plato. Cuando practicas la comida consciente, tienes que tomar realmente todos los sabores y el olor de la comida. El ejercicio de las pasas es un ejemplo de alimentación consciente.

- **Pensar en.... pensar.** Esto puede parecer extraño, pero es un ejercicio que puede entrenarte para estar muy presente en el momento (sin mencionar que también entrenará a tu cerebro para ser más inteligente en general).

- **Técnicas de mindfulness para el manejo de la ira.** Estas técnicas están especialmente diseñadas para las personas que sufren de problemas de ira. Se centran en recuperar el control de la ira y en redirigir sus pensamientos a un "lugar" más positivo.

- **Reflexión en círculo.** Mira fijamente un círculo y reflexiona sobre él durante un minuto o dos. Al igual que las otras técnicas de mindfulness, esta se centra en cautivar tu atención y en enseñarte cómo no hacer varias cosas a la vez y sentir realmente el momento.

La atención plena y la TCC están estrechamente vinculadas, especialmente cuando se examinan a través del prisma de la terapia de comportamiento dialéctico. No se puede practicar la terapia cognitivo-conductual sin al menos uno o dos ejercicios de mindfulness. Al mismo tiempo, la TCC puede ser más efectiva cuando ya sabes cómo entrenar tu mente en la dirección que deseas.

Independientemente de si eliges o no participar en las prácticas de TCC, llevar la atención a tu vida es una elección inteligente desde todo punto de vista. ¡Inténtalo y te garantizo que no te arrepentirás!

Capítulo 11: Aprender a regular las emociones

Las emociones son el resultado natural de algo que ha tocado tu mente o tu cuerpo de una manera significativa. En general, no quieres matar completamente las emociones; son una gran parte de la única y asombrosa experiencia humana.

Sin embargo, sí quieres asegurarte de que aprendes a regular las emociones, especialmente las negativas.

Las técnicas de regulación de las emociones pueden ayudarle a mantener sus sentimientos bajo control, especialmente en los momentos en que es más probable que se hagan cargo. Por otro lado, la desregulación emocional es un término utilizado por muchos en la comunidad de la psicología para describir lo que sucede cuando las emociones son extremas. En algunas circunstancias, las emociones pueden estar en completa discordancia con la respuesta emocional aceptada.

Las personas que sufren de problemas de desregulación emocional suelen tener problemas más profundos. A veces, pueden no ser conscientes de estos problemas. Otras veces, pueden ser conscientes, pero no han buscado tratamiento hasta ahora.

La terapia cognitivo-conductual puede ayudar a aquellos que quieren lograr la regulación emocional. Por ejemplo, algunas de las estrategias y técnicas de la TCC que se pueden utilizar para regular las emociones son las siguientes:

- **Reconocer las emociones**. Aprender a detectar las emociones lo antes posible en su acumulación.
- **Liberar las emociones**. Aprender a soltar las emociones negativas que sólo te traen amargura y tristeza.
- **Positividad emocional**. Redefinir la emoción en tu cabeza y darle un giro positivo.
- **Separarse de las emociones**. Aceptar que tus emociones no te definen, incluso cuando se sienten abrumadoras.
- **Paciencia emocional**. Aprendiendo a no actuar sobre las emociones, incluso cuando esto podría haber sido lo primero que hubieras hecho en el pasado.

- **Aceptar las emociones**. Aceptar y amar tus emociones, incluso cuando son negativas.
- **Practicando la técnica STOPP**. Este enfoque significa Detener (por un momento), Pensar (de dónde estás parado), Observar (tu situación), Retroceder (de la situación, para obtener una perspectiva más clara), y Proceder (con cualquier acción que se ajuste a la situación y sea la mejor para ti y para los que te rodean). Este tipo de ejercicio es extremadamente útil cuando se trata del manejo de la ira, pero puede funcionar bien en todo tipo de conductas impulsivas (por ejemplo, compras impulsivas).

Nunca debe intentar eliminar completamente las emociones de su vida. Incluso cuando puedan ser dolorosas, son hermosas y definitivamente debes aceptarlas tal como son. Al mismo tiempo, dejarse caer en la trampa de permitir que las emociones gobiernen su vida puede ser bastante peligroso para usted porque pronto le hará racionalizar las emociones. A su vez, esto te expondrá a una amplia gama de peligros, como el de permanecer atrapado en una relación abusiva.

La TCC puede proporcionarte un plan de acción para que lo utilices cuando quieras encontrar la raíz de tus emociones. Más aún, puede proporcionarte una mentalidad que te anime a dar un paso atrás de las emociones abrumadoras y evaluar la situación para encontrar la mejor solución.

Sí, la gestión de las emociones puede no ser fácil, pero es una necesidad absoluta para todos los que quieren tener éxito.

Capítulo 12: Desarrollo de la eficacia interpersonal

La eficacia interpersonal está en la base de nuestra evolución como especie. El miedo nos mantuvo a salvo y nos animó a establecernos para estar menos expuestos a los peligros de la caza y la recolección de alimentos. Sin embargo, las habilidades interpersonales son lo que realmente impulsó a la humanidad a la cima de la cadena alimentaria.

Dicen que hay poder en los números, pero para los seres humanos ser "animales sociales" es mucho más que eso. Las habilidades interpersonales nos ayudaron a construir la sociedad como un todo, y también te ayudarán a tener éxito en cualquiera que sea tu objetivo.

Bien, entonces, ¿cómo desarrollas las habilidades interpersonales y cómo están conectadas con la terapia cognitiva conductual?

Bueno, la TCC puede ayudarte a construir y fortalecer tus habilidades interpersonales estableciendo metas para tus interacciones con otras personas. A nivel básico, las habilidades interpersonales se traducen en saber atender las relaciones en tu vida, equilibrar tus "deseos" y "deberes", respetarte a ti mismo y establecer límites saludables, etc.

En un nivel más avanzado, los terapeutas cognitivos conductuales sugieren que debes tener un objetivo en mente para todas las interacciones. Hay tres tipos de objetivos que puedes establecer antes de interactuar con alguien:

- **Obtener tu meta/objetivo**. Esto se centra en la claridad y en saber lo que tienes que hacer para obtener lo que necesitas.
- **Mantener tu relación con alguien**. Esto se enfoca en la importancia de una relación, en cómo quieres que se sienta la otra persona y en lo que necesitas hacer para mantener la relación.
- **Mantener el respeto por uno mismo**. Esto se enfoca en apegarse a sus propios valores y a su verdad, así como en cómo quiere sentirse después de una interacción.

Algunas de las habilidades necesarias para alcanzar estas metas pueden ser moldeadas con la ayuda de las técnicas de TCC. Para ser más específico, la terapia cognitivo-conductual puede ayudarle a ser más claro en las cosas que pide a los demás, así como a aprender a decir "no" en situaciones con las que no se siente cómodo.

¿Cuáles son algunas actividades que le ayudarán a mejorar sus habilidades interpersonales?

Bueno, algunas de mis favoritas incluyen:

1. **Intenta no escuchar**. Este pequeño juego debe ser jugado en parejas. El primer jugador debe empezar a hablar durante tres minutos seguidos y el segundo debe hacer muy obvio que no está escuchando. Luego, los dos tendrán que cambiar de rol. Al final del juego, ambos jugadores compartirán lo que sienten. Lo más probable es que experimenten mucha frustración al tratar de hablar con alguien cuyo lenguaje corporal muestra claramente que no estaban escuchando. Lleva esta lección contigo y aprende que tu lenguaje corporal puede ser extremadamente revelador.

2. **El juego del sabotaje**. Esta actividad suele estar dirigida a grupos más grandes de más de diez personas. Divide al grupo en múltiples grupos más pequeños e instruye a cada uno de ellos a encontrar maneras de sabotear al otro grupo en una tarea. Pídales que escriban sus hallazgos y los pongan en un bol al final de la sesión de lluvia de ideas. Luego, reúna a los dos grupos, mezcle los miembros y reagrúpelos. Pídanles a los dos nuevos grupos que escriban las pautas sobre cómo trabajar en grupo basándose en las "reglas de sabotaje" que sacan del tazón. Esto ayudará a todos a entender la importancia de la comunicación del grupo y qué tipo de reglas pueden ayudar a que todos tengan una buena experiencia cuando trabajen juntos.

3. **Contar los Cuadrados**. Toma una imagen con múltiples cuadrados entrelazados (como esta, por ejemplo: https://www.simplemost.com/no-one-internet-can-figure-many-squares-picture/) y ponla en una pizarra o en una proyección de PowerPoint. Reúne a todos los jugadores y pídeles que cuenten los cuadrados de la imagen, luego anota su número. Una vez que todos hayan

terminado, pregúntele a cada persona cuál es su número y
póngalo en una pizarra.

Luego, pídanles a todos que se emparejen con alguien más
y cuenten los cuadrados de nuevo. Repita el mismo proceso
que antes y luego pida a todos que hagan exactamente lo
mismo en un grupo de cuatro o cinco.

Probablemente notarán que mientras más personas haya
en el grupo, más se acercan al número correcto de
cuadrados. Discútanlo con los participantes del juego y
hablen de la importancia de la sinergia de grupo.

4. **Instrucciones no verbales**. Este juego es realmente genial
cuando se necesita romper el hielo en un grupo de personas
que pueden no conocerse. Pide a todos que se emparejen
con la persona que está a su lado y que se presenten
diciendo algo interesante sobre ellos mismos. Luego,
vuelve a centrarte en el grupo más grande y pide a todos
que presenten a la persona que acaba de hablar de sí
mismos con ellos. Sin embargo, pídeles que lo hagan sin
usar indicaciones o palabras. Esto será muy divertido y
definitivamente será una gran manera de calentar a la
gente entre sí.

Estos son algunos de los juegos que mostrarán a todos lo
importante que es para nosotros comunicarnos de manera eficiente
y cómo las habilidades interpersonales pueden hacer o deshacer un
objetivo. Por supuesto, también hay algunos consejos a tener en
cuenta en cuanto a la comunicación efectiva:

• Concéntrese en escuchar, más que en hablar
• Intenta ser empático con la persona que está delante de ti
• Asegúrate de que lo que enuncies sea claro y conciso
• Mostrar a la otra persona que estás realmente dispuesto a
escucharla

• Preste atención a su lenguaje no verbal, así como al de su interlocutor

• No interrumpas a la otra persona

• Mientras la otra persona está hablando, no te centres en lo que dirás a continuación

• Reformule lo que la otra persona acaba de decir para mostrar que lo ha entendido

• Mantén tu mente abierta y acepta que a veces, la respuesta a una de tus peticiones puede ser "no".

La comunicación efectiva es esencial tanto en las relaciones personales como en las profesionales. Trabaje en sus habilidades de comunicación y obtendrá una larga lista de beneficios sin importar cuáles sean sus objetivos.

Capítulo 13: Practique Tolerancia al sufrimiento

Ninguna terapia en todo el mundo puede protegerte de que te pase algo malo. Sin embargo, lo que la terapia puede hacer es ayudarle a afrontar y tolerar situaciones estresantes de una forma mucho más sana y equilibrada.

La terapia cognitivo-conductual es excelente en este sentido, precisamente porque trabaja con sus pensamientos, patrones de pensamiento y comportamiento actuales. Por ejemplo, algunas de las técnicas de TCC más populares para usar en la tolerancia a la angustia incluyen lo siguiente:

Crear distracciones

Una técnica de TCC te anima a crear distracciones fáciles para prevenir el pensamiento negativo, y para ayudarte a enfrentarte a las malas situaciones de una manera que no empeore las cosas.

Por ejemplo, una persona que vive con un trastorno límite de la personalidad y que se enfrenta a una situación estresante puede sentirse tentada a exagerar o a afrontarla de una forma negativa y autodestructiva, como un atracón de bebida.

Hay distracciones más saludables para evitar que alimentes la negatividad de tu mente. Podrías, por ejemplo:

- Cocinar una buena comida
- Vístase bien y salga
- Acurrúcate con un libro que te guste
- Meditar
- Escuchar música
- Ver un evento deportivo
- Escuchar la radio o un podcast
- Ver una película
- . Trabaja...

Esencialmente, cualquier cosa que le guste hacer y que no le haga daño a usted o a los demás de ninguna manera puede ser utilizada como una distracción durante los momentos de estrés.

Autosuficiente

Al igual que las distracciones, las técnicas de auto calma nos ayudan a aliviar las cargas y a relajar la mente para que pueda centrarse en el aspecto positivo de una situación que de otra manera podría parecer cualquier cosa menos genial para nosotros.

En general, las técnicas de auto calma se refieren a la estimulación de los sentidos de una manera positiva y relajante. Por ejemplo, puedes tomar un baño con aceite de lavanda, ver un vídeo de alta calidad de un lugar impresionante, comer algo reconfortante que te guste o simplemente escuchar música relajante.

Mejorando el momento

Esta habilidad es excelente para aquellos que están abrumados por las emociones porque les ayuda a evitar las acciones impulsivas y a centrarse en el lado más positivo de las cosas. MEJORAR (Ruane, 2019) es un acrónimo que significa:

- **Imaginar.** Imaginar una situación que es mejor que la actual.
- **Significado.** Enfocar lo que es realmente importante para ti en la vida.
- **Oración.** Ya sea la oración religiosa o el uso de técnicas de consciencia.
- **Relajación.** Respiración profunda, estiramiento o relajación muscular progresiva para los momentos en que todo parece desmoronarse.
- **Una cosa en el momento.** Alejarse del mal momento y "atacar" cada tema paso a paso, uno a uno.
- **Vacaciones.** Ya sea unas vacaciones reales o simplemente tomar un descanso de una discusión acalorada, por ejemplo.

- **Fomento**. Diciéndose a sí mismo que todo estará bien y tratándolo como una declaración realista.

Estas acciones te ayudarán a lidiar con los momentos estresantes de tu vida y a encontrar tu centro de equilibrio de nuevo sin caer en la negatividad y los comportamientos autodestructivos.

Concentrémonos en lograr Relajación controlada al momento

En resumen, la relajación controlada por señales es una combinación de respiración profunda y la repetición regular de la palabra "relajarse". Esta es una técnica rápida que puedes usar cuando sientas que estás fuera de control o cuando simplemente necesites reenfocar tu mentalidad y tus pensamientos.

Vivir en un momento afirmante

A veces, simplemente repetir tu mantra mental favorito puede hacer maravillas. Vivir y afirmar el momento significa tomar una mala situación y repensarla a través de un lente positivo. Por ejemplo, si estás experimentando angustia, puedes decirte a ti mismo que tienes el poder de superar esto y que pronto mirarás atrás a este momento y lo verás como un logro, no como un mal recuerdo.

Como lo mencioné anteriormente en el libro, en su núcleo, la terapia cognitivo-conductual se centra en cuatro módulos principales: atención central, habilidades de angustia, habilidades interpersonales y regulación de las emociones.

Tratar con cada uno de estos módulos y construir las habilidades necesarias para usarlos a tu favor puede no ser fácil y puede llevarte tiempo dominarlos. Sin embargo, estos "trucos" están pensados para ayudarte, y lo harán, siempre que los practiques regularmente y creas realmente en su poder.

El cerebro humano es, sin duda, el sistema más asombroso jamás creado por la naturaleza. Cada segundo de tu vida, tu cerebro te ayuda a respirar, caminar, hablar, soñar, y lograr esos sueños - y esto no es sólo un balbuceo al azar, es ciencia.

Tu cerebro es el centro de control de tu cuerpo. Decide todo lo que haces, tanto consciente como inconscientemente. Desde cómo parpadeas ahora, mientras lees estas líneas, hasta cómo procesas toda la información adquirida en este libro, cada cosa que haces es controlada por tu cerebro.

Puedes pensar que haces algunas cosas sin ninguna implicación consciente, pero la verdad es que las cosas no tienen que ser así. Puedes tomar absolutamente el control de tu mente y tu cuerpo y hacer que hagan lo que realmente quieres que hagan: perseguir tus sueños y alcanzar tus metas.

La terapia cognitiva conductual es un enfoque que puede ayudarte con eso. Puede ayudarte a entender lo que no va bien ahora, por qué estás luchando, y cómo redirigir todos esos pensamientos negativos y patrones de pensamiento hacia un camino más positivo. La TCC puede ayudarte a reprogramar toda tu vida de acuerdo a tu visión.

Este libro te ha mostrado algunos de los consejos y técnicas básicas de la terapia cognitivo-conductual. A partir de aquí, depende totalmente de ti lo que hagas con toda esta información. Mi consejo es que la tomes, la interiorices, repases el libro una vez más si sientes la necesidad de hacerlo, y luego realmente apliques estos consejos porque funcionan.

Empieza a escribir tus pensamientos y emociones, notando los patrones en tu mente, y trabajando en cómo puedes redirigirlos hacia algo bueno para ti y los que te rodean.

Definitivamente tienes el poder de no permitir que la ira y la ansiedad se apoderen de ti. Tienes el poder de recuperar tu vida de la depresión. Tienes el poder de entender y controlar el trastorno límite de la personalidad. Estas condiciones de salud mental pueden ser increíblemente difíciles de tratar, pero como se arraigan en tu cerebro, es precisamente tu cerebro el que tiene el poder de despedirse de ellas y comenzar una nueva vida.

El pensamiento positivo no es sólo una tontería. Es la forma de vivir. Cuando te las arreglas para rectificar tu pensamiento y mirar las cosas a través de una perspectiva positiva, ya tienes el control sobre tus pensamientos y sobre tus acciones. Las técnicas de TCC presentadas en este libro tienen como objetivo precisamente eso: ayudarte a aprender a hacer todo este trabajo de "reprogramación" para que puedas vivir tu mejor vida.

Realmente espero que tomes todos estos consejos y los pongas en práctica en tu vida, porque sé de hecho que pueden cambiar las cosas de maneras que nunca pensaste que fueran posibles. Créeme: Lo he visto suceder una y otra vez. He visto a gente tomar las riendas de sus vidas y tener éxito en lo que se propongan, incluso cuando, al principio, pensaban que nunca podrían hacerlo.

Confío en que tú también puedes hacerlo. Toma la iniciativa y empieza a controlar tus pensamientos para que se manifiesten en acciones positivas que te ayuden a crecer. TÚ tienes el poder, ¡así que empieza a hacerlo hoy!

Si disfrutaste de este libro de todos modos, ¡una crítica honesta siempre es apreciada!

9 781800 762497